超基本
テレワーク
マナーの
教科書

西出ひ

あさ出版

「マナー」でテレワークを快適にしましょう！

　2020年2月以降、新型コロナウイルスの感染拡大防止策の一環として、多くの企業が「テレワーク」の導入・実施を始めました。

　事情が事情だっただけに準備期間が取れなかった企業も多く、「突然、テレワークをさせられた」、そんなふうに感じて不安になったり、どうすればいいのかわからず途方に暮れている方も多いのではないでしょうか。

　そんな中、テレワークを実施している弊社のクライアントから、以下のようなご相談が多数、寄せられるようになりました。

「ずっと自宅にいて、誰とも会わず、会話をせず、鬱になりそうです」
「仕事のオンとオフの使い分けがうまくできない」
「上司から1時間おきに連絡が入り、監視されているようで嫌だ」
「夜中に上司からLINEメッセージがくる。夜中でもすぐに返信しなければいけないのか」

　いずれもテレワーク普及前には、まったく聞かなかったような悩みです。

　出社もできず、取引先にも出向けない。そんな環境での仕事にストレスをため込む人も出てきています。

　このような中、弊社のクライアントはきわめて短期間で、こうした悩みを解消しています。さらには「テレワーク勝ち組」

として、順調に実績を伸ばしているのです。

　クライアントの方々がいち早く、テレワーク時代に対応できたのは、「テレワークならではのマナー」を知り、業務の中で実践しているからです。

　ビジネスマナーを熟知して、それを規範に行動していれば、仕事は円滑に進むものです。これはリアルの仕事もテレワークも変わりません。

　仕事には「物事や人にお仕えをすること」という意味があります。お客様や取引先、自社や上司などの要望に応えた結果、その対価として報酬をいただくわけです。

　これは、仕事をする場所が自宅であっても変わりませんね。

　本書はマナーコンサルタントとしてキャリアを積み重ねてきた私が、さまざまな企業の方々から実際にご相談を受け、解決してきたことの中から、テレワークやオンラインミーティングに関するマナー・対応をお伝えしています。

　マナーは決まりごとではありませんし、強要するものでもありません。

　本書で紹介しているマナー・対応も、「しなくてはいけないこと」ではありません。

　皆さんが「これは取り入れてみようかな」と思ったものを試してみてください。

　本書があなたの「テレワークの強化書」になりますように。

2020 年 8 月

マナー西出ひろ子

Contents

第2章
テレワーク中の
「コミュニケーション」のマナー

第 **3** 章
快適なオンラインミーティングを行う
「環境作り」のマナー

第 **4** 章
「オンラインミーティングの準備」のマナー

第5章
「オンラインミーティング中」のマナー
（一般参加者の場合）

第6章
オンラインミーティングで「ホスト」を任されたときのマナー

第7章
テレワークマナーで知っておきたい Q&A 10

おさえておきたい！テレワークマナーの基本

第 **1** 章

1

テレワークは"マナーある コミュニケーション"で円滑に

相手の立場に立ち、思いやりを表現するのがマナー

　自宅で仕事をするテレワーク。職場との環境の違いに戸惑うこともあるでしょう。

　コミュニケーションも簡単に取れず、不安を覚えることもあるのではないでしょうか。

　テレワークで大切なことは、仕事関係者や家族と「マナーあるコミュニケーション（「マナーコミュニケーション®」）」を取ることです。

　マナーとは、相手の立場に立ち、相手に対する思いやりの気持ちを、形で表現すること。周囲へ優しい心を向け、配慮する気持ちからなる言動を指します。

　マナーあるコミュニケーションを取ることで相手にプラスをもたらし、あなたにもプラスが返ってくる。その結果、お互いの WIN、お互いの HAPPY を創造するのです。

　職場では、相手の表情や態度などから、様子をうかがい知ることができるため、自然とマナーに沿った行動を心がけます。

　しかし、テレワークは、お互いの様子がわからないため、不安や疑心に陥りやすい面があります。

　上司は「部下が真面目に働いているのか？」と不安になり、部下は「上司に勤務態度を疑われているのでは？」とストレスを抱えてしまうのです。

あなたが上司や先輩の立場なら、部下や後輩の置かれている環境や気持ちを考えて声をかけましょう。

あなたが若手社員であるなら、少し難しいかもしれませんが、上司や先輩の立場を慮（おもんぱか）って接してみましょう。

突如、始まったテレワークに、誰もがわからないことだらけです。多かれ少なかれ不安とストレスを感じています。だからこそ、お互いを思いやる心、マナーあるコミュニケーションが役立つのです。

((•｜目の前にいないからこそ、思いやりの気持ちが大切

わからないこと、疑問に思うことは、遠慮（えんりょ）しないで訊きましょう。

心の扉を開き、礼節のある言い方、伝え方をすれば、あなたの気持ちが正しく伝わります。人間関係も円滑になり、テレワークへのストレスも軽減するでしょう。

それが、マナーあるコミュニケーションです。

ただし、マナーの型は状況や相手に応じて変わるもの。「テレワークのマナーはこれが正しい」などと、勝手に決めつけないほうがいいでしょう。

本書の内容を指針としながらも、「正解は仕事関係者とともに考えて作り上げていく」といった姿勢を忘れないでください。

POINT

相手が目の前にいなくても、「思いやりの心＝マナー」ある言動を忘れずに。

※「マナーコミュニケーション®」は西出博子の登録商標です。

② テレワーク中、「身だしなみ」はどうすればいいの？

((((・ テレワークは適当な格好でいい!?

「上司や同僚が目の前にいないから、テレワーク中は服装やメイクを手抜きしても大丈夫！」

そのように考えている人も多いようですが、実際は真逆です。

たとえば、オンラインミーティングは、普段、関係者が一堂に会する会議（リアル会議）よりも、髪の乱れや肌つやが目立ちます。上半身しか画面に表示されないため、自然と顔に視線が集まるからです。

リアル会議では、手元の資料を見ながら進むので、あなたのことだけに集中することはありません。

ところがオンラインミーティングでは、常に画面に集中するため、必然的にあなたの顔（上半身）を見続けることになります。「これくらい、わからないよね」と思うことでも、案外、相手が気づいていることが多いのです。

きちんとした身だしなみをしていると、相手も自分も気持ちよくやりとりできます。

((((・ 外出時のゆるんだ姿で評価を下げることも……

テレワーク中、買い物や仕事の用事などで外出することもあるでしょう。このとき、取引先やお客様と出会う可能性があります。

「いつもスマートな着こなしをしていて、身だしなみに気を

遣っているかっこいい男性」という印象を持っていた取引先の人と久しぶりに出会ったら、シャツはシワだらけ、靴も磨かれていない、「だらしのない人」になっていたら、残念に思うのではないでしょうか?

　逆にあなたがだらしない格好で歩いていたら、同じように思われてしまうかもしれません。

　テレワークは自宅で過ごすとはいえ、仕事です。また、身だしなみには、仕事に対する姿勢や気持ちが、ダイレクトに表れるという考えの方もいます。

　仕事相手に与える印象まで意識して身だしなみを整えましょう。

POINT

テレワークは仕事。オンとオフの切り替えとなるよう、身だしなみを意識する。

3 「報告・連絡・相談・確認」が チームを救う

((⋅ テレワーク導入で「会社の危機」を迎えた経験

　弊社では 2011 年の東日本大震災をきっかけに、テレワークを導入しました。

　ですが、導入当初はトラブル続きでした。

　というのも、テレワークになってからも職場で顔を合わせて働いているときと同じような感覚で働いていたために、認識のズレや誤解といったことが生じていったのです。

　スタッフは、「ちゃんと仕事をしているのだから、いちいち会社に報告しなくてもいいだろう」と考え、一方、上司である私は、「気になっていることはあるものの、それを訊くことでスタッフがストレスになったら申し訳ない……」と遠慮して、連絡を躊躇してしまったのです。

　その結果、社内の連携が希薄となり、悪循環に陥っていきました。

　日常的に顔を合わせていれば、何気なくできる話も、テレワーク中は意識しないとできません。離れているからこそ、コミュニケーションには一層の丁寧さが求められるのです。

((⋅「業務報告書」によるこまめな情報共有で解決

　弊社のこの問題が解決するきっかけとなったのが、「話し合いの場」を持つことでした。変に遠慮せず、思っていることをぶつけ合った結果、コミュニケーションの大切さを共有するこ

とができたのです。

　そのうえで毎日２回、「業務報告書」を送るルールを導入しました。これにより、定期的に「報告・連絡・相談・確認」ができるようになり、誤解が生じなくなったのです。

　毎日、業務報告書をまとめることは大変ですが、本人にもメリットがあります。

　１日を振り返り、文章としてまとめることで、自分が何をしたかの確認と実感ができます。それが自信へとつながり、自分を成長させてくれるからです。

　また、何かのトラブルが起きたとき、証拠資料として提出することもできます。

　江戸後期の儒学者である佐藤一斎先生は、「礼儀は鎧」という意味の言葉を残されました。礼儀、すなわちマナーを身に付けていれば、それは、鎧となってあなたを守ってくれるというわけです。

　マナーとして、日々の記録を作成した労力や時間も、きっとあなたのプラスになります。

　会社にそうしたルールがなかった場合も、日記を書く感覚で業務報告書を作成してみることをオススメします。

POINT

滅多に顔を合わせないからこそ、「報告・連絡・相談・確認」が大切。相手を思いやる伝え方を。

4 いつでもネットに 「つながっている」状態にする

(((• オフラインはトラブルの元

テレワーク中は、可能な限り「オンライン」にしておくことをオススメします。

電話やメール、SNSなどで上司から急ぎの用件が入ることもあります。

「目の前の仕事に集中したいから」と、オフラインにしてしまうと緊急用件に対応できず、それが元でトラブルになる可能性があるからです。

職場であれば「ちょっといいですか」と、直接、声をかけてコミュニケーションを取ることができます。しかし、こうした会話もすべてメールやSNSなどでのやりとりになるのが、テレワークです。

パソコンの近くには、常にスマートフォン（スマホ）や携帯電話を置き、チェックしながら作業することが必要です。

ただし、常に連絡待ちの状態でいることで、気づかないうちにストレスを抱えることになるかもしれません。だからこそ、オンオフの切り替えはしっかり行いましょう。

P O I N T

上司や取引先からの連絡に対応できるようにするため、テレワーク中は可能な限りネットにつないでおくのがベスト。

5 気持ちよく働くために 共通の「ルール」を作る

(((ルールを作れる立場なら、積極的に導入すべき

テレワークの導入については、多くの企業で事前準備の期間を十分に取れずに始めることになったため、何が正解かわからないまま、手探りで進めているのが実情です。

そのため、テレワークの環境も人それぞれ、慣れない環境で取り組んでいることから、迷いを生じることもあるでしょう。

あなたが社内のルールを作ることができる立場なら、みんなの意見も踏まえて「テレワークのルール」を決めてしまいましょう。

会社としてのルールがあることで、社員も迷ったときに確認できるので頭を悩ませる時間が減りますし、トラブルが起こりにくくなります。

自宅で作業をしていても、仲間との連帯感が生まれますし、テレワークに取り組む環境の違いも、お互いに思いやり、ある程度までは解決できます。

また、会社全体のルールだけでは事足りない場合は、部署、チームごとのルールを決めてもよいですね。

状況に変更があったら、ルールも柔軟に更新していきましょう。

P O I N T

働きやすい環境を作るためにも、会社、部署などでルールを作る。

6 テレワークでは「家族の協力」がきわめて重要

〰️ 仕事のスケジュールを家族と共有する重要性

　テレワークでは「家族や同居人の協力」が不可欠です。集中して働きたい時間帯や、オンラインミーティングなど、その日の仕事のスケジュールは、正しく伝えておきましょう。

　共働きなどで家族内に複数テレワークの人がいる場合は、それぞれのスケジュールをしっかり共有しておくことが肝心です。

　しかし現実には、オンラインミーティングに家族が入り込むアクシデントが、世界中で頻繁に起きています。

　たいていの場合は笑って許されますが、「仕事中に家族のだらしない姿を見せるなんて、プロ意識に欠ける」と眉をひそめる人も中にはいるかもしれません。また、あられもない姿を見られた家族や同居人に、気まずい思いをさせてしまいます。

　なぜ、こうしたことが起きてしまうのか。それは、きちんと伝えることができていないからです。

　次のような言い方は、危険です。

「10時から1時間ほどオンラインミーティングだから」

「オンラインミーティングと言っておけば、その時間は部屋に入ってこないだろう」と考えがちですが、言われたほうは「ああ、そうなんだ」と、状況を共有して終わりです。この言葉だけで、「画面に映り込まないようにしなくてはいけない」とまで思いを馳せることは難しいです。

(((･「仕事をしている間、何をしてほしいか」まで伝える

　家族や同居人にスケジュールを伝えるときは、次のような言い方をするといいでしょう。

「申し訳ないんだけど、
10時から1時間ほどオンラインミーティングがあるから、
部屋に入らないでもらえる？」

　最初の「申し訳ないんだけど」は、相手の立場に立ったクッション言葉（相手が受け入れやすいよう、文章をやわらかくする言葉）です。家族や同居人に協力をお願いするのですから、気遣いは欠かせません。

　次に「10時から1時間ほどオンラインミーティングがあるから」と、スケジュールの内容を伝えます。開始時間とどれくらいかかるかまで明確に伝えることで、家族や同居人の理解はより深まります。

　最後に「部屋に入らないでもらえる？」と、家族にしてほしい行動を依頼形で伝えます。そうすることで相手が受け入れやすくなります。

　同居はしていなくても、頻繁に連絡をしてくる人がいる場合も、ある程度のスケジュールを伝えておくと安心です。仕事中に何度も電話がかかってきたら、仕事相手の迷惑にもなってしまいます。事前に協力をお願いしておきましょう。

P O I N T

家族とスケジュールを共有しておくことで、アクシデントを避けられる。気を遣いつつ、してほしいことを具体的に伝える。

「作業スペース」も
家族と相談してから決める

((((• 相談なしで決めると、高確率でトラブルに

　家は家族みんなが過ごす場所です。仕事を行う「作業スペース」は、必ず家族や同居人に相談してから決めましょう。

　自分勝手に作業スペースを決めてしまったら、高確率でトラブルの原因になります。

　あなたがリビングのテーブルを作業スペースと決めて、テレワークをしていたら、部屋着姿の家族や同居人が入ってきてくつろぎ始めました。その姿に、「こっちは仕事をしているのに。お気楽だなあ……」とあなたが感じたとします。

　しかし、家族や同居人からすれば、自宅でいつもどおり過ごしているだけ。むしろ、あなたに対して「ここで仕事しなくても……」などと思うこともありえます。

　共働きなどで複数テレワークの人がいる場合は、作業スペースの取り合いにならないよう、それぞれの仕事内容、スケジュールをすり合わせて決めることが大切です。

　事前に家族や同居人と話し合って、全員が納得できる形で決めましょう。

P O I N T

　勝手に作業を始めると、あなたが迷惑者に。事前に話し合って、取り決めを作っておく。

スマホやパソコンではなく、ちゃんとした「時計」を置く

((•· **スマホやパソコンだと、時間管理が甘くなる**

　最近は、部屋に時計を置いていない人も多いようです。「スマホやパソコンがあれば時間がわかる」という考えからのようですが、皆さんはいかがでしょうか。

　部屋には、ちゃんとした時計が置いてありますか？

　部屋に時計がないようなら、なるべく設置することをオススメします。

　たしかにスマホやパソコンで、時間を確認することはできます。ただ、テレワークは外とのやりとりがいつも以上に多く、大事です。誰かと電話で話していたり、集中してパソコンで作業をしていたら、時間を確かめることができなくなります。そのうち、時間の意識が崩れる可能性があります。

　こうした事態を避けるために、ちゃんとした時計を設置することをオススメします。

　テレワークでは、時間管理も大切な仕事なのです。

P O I N T

スマホやパソコンを時計代わりにしていると、時間に対する意識が希薄になりがち。部屋には時計を設置すること。

挨拶で「仕事スイッチ」をオンにする

((•• 始業時間になったら職場と同じ「挨拶」をしてみる

　テレワークに取り組み始めた方からよくうかがうお悩みの中に、「仕事のオンとオフの切り替えがうまくできない」といったものがあります。

　たしかにこれまで多くの人が、「職場は働く場所」「自宅はくつろぐ場所」との感覚で働いてきました。それがいきなり、自宅が職場も兼ねるようになったのですから、混乱するのも仕方ありません。

　マナー的観点からお話しすると、自宅でくつろぎモードと仕事モードを切り替えるスイッチの方法に「挨拶」があります。

　職場に出社したら、「おはようございます」と挨拶をしますよね。同じように、テレワークの開始時間になったら、作業場となるデスクに座り、職場と同じように声を出して挨拶をするのです。

「おはようございます。本日もよろしくお願いします」

　たったこれだけで、気持ちが引き締まります。作業用のパソコンに向かって、一礼するとなお効果的です。

　相手の立場に立って気遣いをするのがマナーですが、その「相手」には、「自分」、そして「パソコン」「デスク」などの「モノ」も含まれます（動物や植物も）。

声を出すことで、自分の発したメッセージが耳から入り、脳へと届き、脳が状況を理解するため、簡単にオンとオフのスイッチを切り替えられます。

オススメの挨拶は、次のとおりです。ぜひ、活用してください。

第1章

仕事モードのスイッチをオンにする挨拶

・「おはようございます。本日もよろしくお願いします」（始業時）
・「午後からもよろしくお願いします」（昼休み終了）

仕事モードのスイッチをオフにする挨拶

・「午前中、お疲れ様でした」（昼休み開始）
・「本日１日、ありがとうございました」（終業時）

※これらの挨拶言葉は、電話やメール、オンラインミーティングでも使えます。

挨拶のほかに「始業前にテーブルやデスク、パソコンを拭いたり、床掃除をしたりする」というのも、気持ちを切り替える効果があります。

作業場がキレイになると、モチベーションが上がります。

スイッチを上手に切り替えて、モチベーションを上手にコントロールしましょう。

P O I N T

「パソコンへの挨拶」を仕事前の習慣に。モノへ敬意を持つことで、仕事もプラスの環境にする。

「体調管理」も
テレワークの基本マナー

((• 「腰に負担をかけない座り方」がテレワークの基本姿勢

　オフィスでの仕事と違い、自宅での仕事は必然的に移動が少なくなるため、長く座って仕事をしていると足腰に負担がかかりやすくなります。

　つい足を組んでしまったり、椅子に寄りかかってしまったりといったこともあるでしょう。

　足を組むと、左右のバランスが崩れ、体にゆがみが出てしまいます。

　体のどちらかに体重がかかる座り方は避けること。楽に座っているつもりで、実は腰痛の原因になりかねません。

　体を動かす時間が減りがちなので、体が硬くなり、ぎっくり腰などの危険も高まりますし、腰痛を抱えることになったら、思考力も衰え、満足できる仕事ができなくなってしまいます。

　テレワーク中は、「腰に負担をかけない座り方」を心がけましょう。

　床に両足を付けて、足裏から膝がまっすぐになるように座ると、腰への負担は小さくなります。腰から頭上までがまっすぐになるため、カメラ映りもよくなります。疲れてきたら、立ち上がって体をほぐしましょう。

((• カメラに映らない「下半身」がカギを握る!

　「姿勢」によって、カメラを通じて伝わる印象も変わります。

カメラ映りのよい姿勢には、2つのポイントがあります。

> ### カメラ映りのよい座り方
> ....
>
> 1. 椅子に深く座りすぎない
>   （座面の半分から3分の2くらいの位置に座る）
> 2. 腰から頭上までを一直線にする

カメラ位置を決めるときも、この姿勢で調整してください。

また、カメラに上半身しか映らないため、多くの人は上半身の姿勢ばかり気にしますが、テレワークのカギを握るのは、実は上半身よりも下半身です。

オンラインミーティング中、「どうせ見えないから」と足を組んだり、「椅子にもたれかかる」「腕を組む」「肘を付く」といった姿勢をとると、横柄な印象を与えてしまいます。

腰に負担をかけない座り方で臨みましょう。

オンラインミーティング中は、立ち上がって体をほぐすことができません。背筋を伸ばした座り方に疲れてきたら、少し姿勢をゆるめましょう。

また、パソコンと向き合って仕事をしていると、「目」にも負担がかかります。「1時間に1回は目と体を休める」といったルールを決めておくといいですね。

P O I N T

床に両足を付けて、足裏から膝がまっすぐになるように座ると、負担が軽くカメラ映りもいい。

テレワーク中も
「休み」をしっかり取る

(((しっかりと休んで、ベストパフォーマンスを！

　テレワークになってからというもの、「以前より休みを取りづらくなった」といった声もよくうかがいます。

　以前は「役所に書類を取りに行く」などの私用は、事前に休暇申請を提出し、出かけていたことでしょう。ところが、テレワーク中はお昼休みなどを使って、私用を済ませることができます。休暇申請を出さなくても、用事を済ませることができるようになったわけです。

　また、自宅が仕事場になったことで、土日や祝祭日などの休日の感覚が乏しくなり、やろうと思えば仕事ができることから、「平日と休日の違いがわからなくなった」という人もいます。

　テレワーク中であっても、休みはしっかりと取りましょう。

　ただでさえ慣れないテレワークでストレスがたまりやすいのに、休みなく働いてしまうと、無理がたたって心身ともに調子を崩してしまいます。

　休日はしっかり休み、有給もきちんと申請しましょう。

　心身の健康があってこそ、ベストパフォーマンスが発揮できるのですから。休暇や休み時間を取ることも仕事のうちです。

P O I N T

> 仕事である以上、休暇はとって当たり前。変に気後れせず、それまでと同じように休むこと。

第2章

テレワーク中の「コミュニケーション」のマナー

1 テレワークは「コミュニケーション」で大きく変わる

(((・「人間関係がよくなった」と答える企業も

　弊社のクライアント企業に、「テレワークになって、社内で何が一番変わりましたか?」と、アンケートを取ったことがあります。

　回答の第1位は、「社内の人とのコミュニケーションが丁寧になった」でした。

「テレワークが始まったら、社内の人と会わなくなるから、コミュニケーションは減るんじゃないの?」

　そう思う人もいるでしょう。たしかに、何も考えずテレワークに臨んだら、社内コミュニケーションは希薄になる一方です。これでは、誤解やトラブルが多発し、業績が悪化するなんて事態も起きかねません。

　弊社がマナーコンサルティングを行っている企業も、テレワーク特有の問題に直面し、その改善に取り組みました。その結果が先ほどの、「社内の人とのコミュニケーションが丁寧になった」との回答なのです。このように答えた企業の多くは、収益も上げ始めています。

(((・ポイントは「挨拶」と「クッション言葉」

　円滑なマナーコミュニケーションには、次の2つのポイン

トがあります。

> ### マナーコミュニケーションのポイント
>
> 1. 挨拶
> 2. クッション言葉

1. 挨拶

　電話でもメールでもSNSでも、挨拶を最初にするだけで、相手の気分もよくなり好意的に受け入れられます。

2. クッション言葉

　文の初めに、「申し訳ありませんが」や「ご多用のところ恐縮ではございますが」のように、クッションとなるやわらかい言葉を入れることで、いきなり本題に入るより、受け入れられやすくなります。

「たったこれだけ？」と思われるかもしれませんが、だからこそおろそかになりやすいのです。

　基礎を徹底するだけでも、コミュニケーションは円滑になります。

　この2つのポイントをおさえつつ、社内の人と心地よいコミュニケーションを取っていきましょう。

P O I N T

　テレワーク以前と同じ意識でいたら、人間関係が希薄になるばかり。離れていても絆を深める気配りが大切。

2

「スケジュールの共有」も
大切な気配り

((⸱ **チームが連携できていれば、余計な誤解は生じない**

　海外のトップエグゼクティブたちは、午前中は「部下とのコミュニケーション」に長い時間を割き、それを「もっとも重要な仕事」と言い切ります。

　社内の人間関係が円滑であれば、仕事がうまくいくと知っているためです。

　社内コミュニケーションが不足していると、仕事のパフォーマンスが低下していきます。

　たとえば、部下に仕事をお願いしたいが、一向にメールに返信がない。電話をかけてもつながらない……。

　このような状態が続いたら、嫌でも不信感が募ります。急ぎの用件だったら、なおさらでしょう。

　一つひとつは些細なすれ違いであったとしても、それが積み重なると、やがて疑心が芽生えます。「家で何をしているんだ？」「実は仕事をしていないのか？」などと考えるわけです。

　しかし、実際にはお客様と電話中だったり、メールに気づかなかったりしただけということはよくあります。

　理由がわかれば納得できますが、わからない限り疑心はどんどん大きくなります。それが、不信感となってしまっては、状況が悪化する一方です。

　それだけ、各自が自宅で作業するテレワークは、すれ違いが起きやすいのです。

(((•・ コミュニケーションツールを積極的に活用する

　すれ違いを防ぐには、あらかじめお互いの状況、スケジュールを知ることができる環境を作っておくことです。

　それには、「共有 Web スケジュール表」が便利です。有料のサービスも無料のサービスもあるので、環境に合わせて使いやすいものを選ぶとよいでしょう。

　それぞれが自身のスケジュールを随時入力していくことで、チーム全員の行動が一目でわかります。

「この時間帯は打ち合わせが入っているから、連絡をしても対応は難しい」「この日は時間縛りのある予定はなさそうだから、連絡を入れて話を聞くことも可能だろう」などとわかり、お互いに余計なストレスを感じずに済みます。また、タイミングを計って連絡できるので、相手もすぐに対応できます。

　弊社のクライアントにも提案しているのですが、導入したところからは、「お互いの動きがわかり、安心して仕事ができるようになった」といった声が多数届いています。

　共有 Web スケジュール表の導入が難しい場合も、メールや電話や SNS など、既存のコミュニケーションツールを活用して、スケジュールを共有しましょう。

P O I N T

「即対応」を実現できれば、誤解が生じなくなる。そのためにはスケジュールを共有すること。

「報告メール」や「オンライン朝礼」で一体感を作る

((・ 始業前には「今日の予定」をメールで報告

　チーム間のスケジュールを共有していれば、互いが抱えている仕事が理解できますし、「仕事が遅い」「なかなか返事が来ない」といった不信感も生まれづらくなります。

「始業時間になったら、その日の予定を箇条書きにして、上司や同僚全員にメールで送る」といったルールを、弊社のクライアントには導入してもらっています。

　これだけでもスケジュールの共有が実現し、チーム間のトラブルが激減します。

((・ 信頼感と一体感を生み出す「オンライン朝礼」

　毎日決まった時間に、ミーティングアプリを使った「オンライン朝礼」も、実践してもらっています。「毎朝10時」などと時間を決めて、原則としてチーム全員が参加して、業務予定や懸念事項を共有するのです。

　定期的に顔を見て、お互いが心身ともに元気であるかどうかを確認し、業務内容を伝え合うことで、一体感が生まれます。

　「報告メール」と「オンライン朝礼」をすることで、その日のパフォーマンスにもつながるのです。

P O I N T

> こまめなコミュニケーションが、孤独感をなくし、チーム力をアップする。

スケジュール報告メールの例

田中部長
佐藤課長
山本さん・大橋さん・井本さん

皆さん、おはようございます。
吉村です。

本日の業務予定内容をお知らせします。

【定例ミーティング】
1. 10時〜　皆さんと

【会議】
1. 11時〜12時　○○社 ▽▽様とオンラインミーティング
2. 15時〜16時　△△社 □□様とオンラインミーティング

【資料作成】
1. ××社への提案書・企画書作成 (完成 10月12日まで)
2. ◎◎社への見積書作成
3. 次年度予算案作成

連日のオンラインミーティングで、
腰と目が疲れている人が増えているそうです。

私も昨日眼科にまいりまして、
ドライアイ専用の点眼薬を処方されました。

皆さんもどうぞお疲れの出ませぬよう、
お気をつけてお過ごしくださいませ。

本日もどうぞよろしくお願いします。
以上です。

吉村京介
080-XXXX-XXXX

メールを送るときは 「相手を思いやる気持ち」を

((i•• 必要最低限の情報に"おまけ"を付けよう！

　35ページでご紹介した「スケジュール報告メールの例」の後半に、次のような文章が記されていたことに気づいたでしょうか。業務と直接関係のない世間話をメールでしているのです。

連日のオンラインミーティングで、
腰と目が疲れている人が増えているそうです。

私も昨日眼科にまいりまして、
ドライアイ専用の点眼薬を処方されました。

皆さんもどうぞお疲れの出ませぬよう、
お気をつけてお過ごしくださいませ。

　ビジネスメールは「重要な用件が伝われば充分」と考えている人も少なくないようです。
　しかし、テレワークで直接相手と会う機会が激減している中、必要最小限のやりとりだけをしていると、人間関係が希薄になってしまいます。
　テレワーク中にメールを送るときは、業務の話だけでなく、世間話にもあえて触れてみましょう。そうすることで、思いのやりとりをすることができます。漠然とした話より、あなた自身に起こった「具体的な体験談」のほうが効果的です。

（(• メールを通じて親近感を生み出すポイント

テレワークにおけるメールコミュニケーションでは、いつも以上に「相手を思いやる気持ち」を表現しましょう。そこから安心感や信頼関係が構築されていきます。

次の４つのポイントを意識すると、メールの相手にも親しみを感じてもらえるようになります。

1. 相手のスケジュールを把握したうえで、配慮あるひと言

「午後からもご多用のスケジュールでいらっしゃいますので、
　お昼休みはどうぞごゆっくりお過ごしください。」

2. 相手の作業を把握したうえで、配慮あるひと言

「Zoom 会議のご準備、ありがとうございます。」

3. 相手の作業への感謝とねぎらい

「大変かと存じますが、引き続き、
　どうぞよろしくお願い申し上げます。」

4. 相手のストレスや健康に対する配慮

「どうぞお疲れの出ませぬよう、
　お気をつけてお過ごしくださいませ。」

P O I N T

しばらく顔を合わせていない相手だからこそ、「世間話」や「ねぎらい」を文面に盛り込み、親しみを感じてもらう。

自宅から送るメールの「署名」も会社メールと揃える

署名なしメールは相手に警戒される

ビジネスメールには送り手の情報をまとめた「署名」を入れるのがマナーです。おそらくほとんどの方が、メールの最後に自動で入るように設定していることでしょう。

ところが、テレワーク時に自宅のパソコンから送信する際、メールに署名が入っていない人が少なくありません。

手紙に差出人の情報がなかったら、「誰からの手紙だろうか」と不安になりませんか？　署名のないメールも「本当にこの人が書いたのか」「誰からのメールなんだろう」と、不審に思われることもあります。

自宅からメールを送るときも、会社のパソコンから送るときと同じ署名を入れましょう。

また、テレワーク時に使用しているメールが、会社用のメールアドレスと異なる人も見受けられます。その場合は、署名を入れ、「CC」（カーボン・コピー〈Carbon Copy〉の略）の欄に会社のメールアドレスを入れておきましょう。そうすれば、出社時にすぐに対応できますし、いつもとメールアドレスが違っていても同じ人物からのメールであることが相手もわかります。

P O I N T

署名は会社用のメールと統一する。異なるメールアドレスを使用する場合は、「CC」に会社用のメールアドレスを入れる。

テレワーク中に「電話を
かけるとき」の注意点

((•• 電波状態やバッテリーを事前にチェック

　テレワーク中は携帯電話を使用することが多いでしょう。

　携帯電話はかける前に、「電波状態」「バッテリー残量」「周囲の騒音の有無」を確認しましょう。

　これらの問題を抱えていると、あなたの声が通話相手に正しく届かず、伝達ミスが起きたり、「体調が悪いのかな?」「トラブルでもあったのかな?」などと誤解を生じさせてしまいます。

　電話はメールやSNSと違い、「声のトーン」で相手の状況や真意を把握するため、通話が途切れ途切れだと、相手側にあなたの真意が伝わらず、誤解されてしまう危険があります。

　かけるときには、状態を確認してから。バッテリーが減っているなら、充電しながら話しましょう。

　また、電話をかける時間にも配慮しましょう。

　相手もテレワーク中の可能性がある場合、あまり早い時間から電話をかけないことです。せめて9時までは待ちましょう。さほど急ぎの用事でなければ、10時半以降にかけると失礼にはなりません。遅い時間の電話も迷惑になるので、できれば18時まで、遅くとも20時までが無難です。

P O I N T

　携帯電話での通話は、相手に正しく伝わるよう、途切れたりしないか事前に状態チェックを忘れずに行う。

テレワーク中に「電話を受けるとき」の注意点

((⋅ 電波状態のよい場所を確認し、筆記用具を置く

　テレワーク中は常に連絡が取れる状態にあることでお互いに安心することができます。

　事前に「自宅の電波の届きやすい場所」を確認しておき、かかってきたら移動しましょう。

　もしその場所が普段の作業スペースから離れているようなら、ペンやメモ用紙などの「筆記用具一式」も置いておく（置き筆）と便利です。

　ノートパソコンや携帯電話などは、こまめに充電する習慣をつけることも大切です。「どうせ今日はもう使わないから、寝る前に充電すればいいや」などと、電池切れ間際のまま放っておくと、いざ電話がかかってきたときに困ります。

　常に万全と言える状態にしておくことが理想的です。

((⋅ 赤ちゃんやペットのいる部屋にも筆記用具を

　先ほど「電波状態のよい場所に、筆記用具一式を置いておく」とお話ししましたが、通話中に移動する可能性がある場所にも、可能な限り筆記用具を置いておくと、いざというときに困りません。

　たとえば、電話中に赤ちゃんやペットが騒ぎ始めたら、万が一の事故の可能性も考慮して、様子を見に行かざるを得ませんよね。このとき、慌てて赤ちゃんやペットがいるところに移動

したものの、そこに筆記用具がなく、大事なことのメモができなかったら困ってしまいます。

そうならないための仕組を作っておくのです。

赤ちゃんやペットのいる部屋に筆記用具を置くときは、万が一の事故が起きないように赤ちゃんやペットの手の届かない高い場所にしましょう。

((・ 騒がしくて電話を切るときは、必ず丁重にお詫びする

赤ちゃんやペットの安全を確認して、すぐ、その場を離れられればいいのですが、ときには赤ちゃんが泣き止まず、あやさなくてはいけないこともあるでしょう。

別の部屋に移動することもできず、会話も成立しないくらい騒がしくなってしまったら、丁重にお詫びを伝えましょう。

それから先方の都合を確認し、再度電話が可能であれば、「後ほどかけ直します」と伝えて一度電話を切ります。

かけ直したときには、「先ほどは本当に失礼をいたしました」と再度お詫びを伝えましょう。

先方もおそらく気にしていないでしょうが、だからといってその気持ちに甘えてはいけません。きちんとお詫びを伝えることで、あなたの責任感と誠意を伝えられます。

P O I N T

室内の電波状態のよい場所を確かめておく。筆記用具は移動する可能性のある場所すべてに「置き筆」を。

SNSのやりとりは「丁寧な言い回し」で

（（・ 短文だからこそ、丁寧な言い回しを

　社内コミュニケーションに「SNS」を活用する企業も増えています。テレワークの普及により、使用頻度はさらに上がっています。「踏み込んだ話はメール」「簡単な連絡事項はSNS」などと使い分けている企業も多いのではないでしょうか。

　瞬時にやりとりできるのが、SNSの利点です。その便利さから、つい、言葉遣いもラフになってしまいがちですが、仕事で使うときは、「丁寧な言い回し」を意識しましょう。短文で用件だけを伝えると、書き方次第で誤解を生じやすいからです。

　テレワーク中は社員同士で顔を合わせる頻度が激減するので、心理的な距離ができています。そのため、「馴れ馴れしい」「無礼」と受け取られかねないのです。

　特に上司や先輩など、目上の人に送るメッセージには注意が必要です。気をつけるポイントは次のとおりです。

目上の人に対する SNS の基本の言葉遣い

○おはようございます。
○かしこまりました。
○そのとおりにいたします。
×そのとおりですね。
×「OK」などのスタンプだけ

「そのとおりですね」がなぜ NG かというと、最後に「ね」が付いているからです。「馴れ馴れしくて不快」と受け取る人もいます。

　SNS は短文を送ることが前提ですから、メッセージの分量は少なくてもかまいませんが、「敬語」「丁寧語」は意識しましょう。

(((・「スタンプ」は単独では送らない

　SNS のやりとりの際、「スタンプ」を活用している人もいるでしょう。

　スタンプは感情が伝わりやすいので、仕事上のやりとりであっても使用してもよいと私は考えています。

　ですが、スタンプだけというのは、ビジネス上では失礼です。「承知しました」などのメッセージの後にスタンプを使うなど、言葉とセットにすると丁寧です。

　上司がスタンプを送ってきた場合は、「可愛いスタンプですね。ありがとうございます」などと感想を伝えた後にスタンプで返信するとよいでしょう。

　ただし、あくまで仕事のやりとりなので、漫画のキャラクターやアイドルの写真スタンプの使用は控えましょう。

　上司がスタンプを使用していない場合は、使用しないことです。

P O I N T

便利な SNS だからこそ、「言い回し」に注意。スタンプはメッセージの後に気持ちを伝える効果的要素として活用する。

快適な
オンラインミーティングを行う
「環境作り」のマナー

1 テレワークの快適さは「環境作り」で9割決まる

((• テレワークは環境を整えることから始まる

　テレワークは、環境によって、その効果が大きく変わります。仕事がスムーズに進むだけでなく仕事相手に迷惑をかけないことにもつながります。

　自宅なので、自分で準備しなくてはなりませんが、次のポイントは可能な限りおさえておきましょう。

> テレワークを快適にする環境作り5つのポイント
>
> 1. インターネット環境を整える
> 2. 古いパソコンは新しい機種に替える
> 3. パソコンのカメラやマイクを使える状態にする
> 4. 充分なバッテリーを確保する（電源の確保）
> 5. 飲食物はパソコンから遠いところに置く

1. インターネット環境を整える

　ノートパソコンやスマホをメインで使っていて、インターネットに無線 LAN（Wi-Fi）で接続している人も多いでしょう。無線 LAN は自宅のどこでも使えますし、ケーブル周りがすっきりします。

　しかし、無線 LAN より有線 LAN のほうが回線が途切れにくく、安定して利用できます。特にオンラインミーティングの機会が多い方には、有線 LAN のほうが安心です。

《有線LANは電波が安定している》

《無線LANは安定しないこともある》

2．古いパソコンは新しい機種に変える

パソコンはほとんどの場合、新しい機種ほど性能が向上しています。処理速度が速ければ動作もスムーズになり、ストレスを感じづらくなります。オンラインミーティングでも、画面が固まる危険が減らせます。

何年も同じパソコンを使っているようなら、テレワークが増えたことをきっかけに、買い換えを検討してもいいかもしれません。OS も旧バージョンのものより、新しいほうがいいでしょう。

3．パソコンのカメラやマイクを使える状態にする

テレワークでは、パソコンに接続する「カメラ」は必須アイテム。オンラインミーティングでは欠かせませんし、勤務状況の報告で使われることもあります。「マイク」「スピーカー」も必要です。

最近のノートパソコンは、最初から「カメラ」や「マイク」「スピーカー」が内蔵されているタイプも珍しくありません。「マイク」か「ヘッドセット」を別途用意しておくと、より音声がクリアになり、なお便利です。

カメラが付いていない場合は、USB 接続のマイク付きカメラを用意するといいでしょう。

4．充分なバッテリーを確保する（電源の確保）

　テレワークは、外部との連絡を取る機会が多いため、途中でノートパソコンやスマホが「バッテリー切れ」となってしまい、仕事に支障が出る危険があります。オンラインミーティングの最中にバッテリーがなくなったら、会議が中断してしまいます。

　テレワークの開始前には、ノートパソコンやスマホの充電残量を必ず確認しましょう。バッテリー残量が心許（こころもと）なかったり、都度確認をするのが面倒だったりするときは、電源につないだ状態で作業をすると安心です。

　電源が近くにない場合は、携帯サイズのバッテリーを用意しておきましょう。

5．飲食物はパソコンから遠いところに置く

　パソコンやスマホのすぐ近くに、飲み物や食べ物を置いていると、うっかりこぼすなどの危険が出てきます。最悪の場合、パソコンが破損してしまいます。

　テレワークは社内にいるときよりも、不測の事態が起きやすいもの。突然のインターフォンに慌てたり、子どもが部屋に入ってきたり、ペットが動き回って飲み物をこぼしたり……。

　作業スペースに飲食物を置くこと自体は問題ありませんが、パソコンや書類の近くに置かず、サイドテーブルなど、離れた場所に置くようにしましょう。

　仕事の成功は、「準備」が決め手です。環境を整えて、快適なオンラインミーティングにしましょう。

POINT

基本はすべての土台となる。基本的なことこそ、大切に。

② パソコンにつなぐカメラの高さは 「目線」よりやや上に

((⦁ 自分がどう映っているかを把握する

オンラインミーティングに参加するときは、カメラで自分を映す必要があります。

パソコンにカメラをつなぎ、もしくは内蔵されているカメラを設定し、オンラインミーティング用のアプリと連動して使えることを確認し、「これで準備はバッチリ」と安心しているかもしれません。

しかし、ただ本体につないだだけでは、カメラの準備が終わったとは言えません。

カメラにどのように撮影されているか、モニタ上でどのように映るかによって、あなたの印象が大きく変わるからです。

あなた自身の評価が、カメラ映りに左右されると言ってもいいでしょう。

つまり、「あなたらしさがきちんと伝わるように映るにはカメラのセッティングをどのようにすればよいか」を事前に知っておくことまでが準備になるのです。

((⦁ カメラ映像がそのまま、あなたのイメージに

仕事において、見た目の印象は大切です。

見た目から得る印象に、仕事の評価やその後の関係性まで、引きずられてしまうこともあります。

リアルに対面できれば、全身を見てもらえますし、ちょっとした行動、表情、声のトーンなどもダイレクトに伝わります。情

報量が多い分、人柄や空気感も伝えやすいため、仮に第一印象が悪くても真摯な姿を見せることで挽回の余地もあるでしょう。

オンラインミーティングでは、ほとんどの場合、相手は上半身しか見ることができません。伝わる情報にも限りがあるため、第一印象がより一層重要です。

このイメージを決めるポイントが、「カメラ位置」と「目線の高さ」です。

((・ カメラ位置は「目線と同じ高さか、やや上」に

カメラ位置を「目線と同じ高さか、やや上」にすると、ベストに近い表情を映せます。

目の高さよりも下にカメラがあると、鼻の穴の中まで見えてしまいます。無意識のうちに、通信相手を不快に感じさせてしまうのです。また、下から撮影されるとアゴが強調されるため、「顔が大きく映る」「不機嫌そうに見える」といった弊害もあります。

外付けのカメラを接続している場合、設置位置の調整は簡単です。ディスプレイの上部にカメラを取り付ければ、自然と目線のやや上から撮影することができます。

ノートパソコンやスマホを使うときは、台などを置いて、カメラ位置が高くなるようにセットしましょう。椅子の高さで調整してもいいですね。

自分がどのように映っているのか、実際のカメラ画像を見て確認しましょう。

P O I N T

カメラ映りは印象を大きく変える。目線と同じかやや高い位置にカメラを設置し、試し撮りで映り具合を確認。

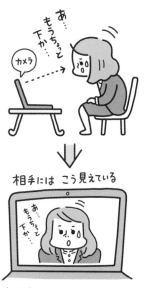

相手には こう見えている

相手には こう見えている

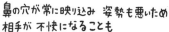

鼻の穴が 常に映り込み 姿勢も悪いため
相手が 不快になることも

アゴが 前に出た状態になり
顔が 大きく見える

鼻の穴が 映り込まず 目線が合い
相手も 安心して 会話ができる

第3章

「カメラ映りのいい表情」 を知っておく

カメラ映りが悪いと、相手を不安にすることも

テレワークにおけるあなたの印象は、「カメラ映り」で決まります。

あなたは自然体のつもりでも、カメラ越しに見ている人に「無愛想」「表情がない」と受け取られたら、そういう人なんだろうと認識されてしまいます。中には、あなたが怒っているように感じ、「何か失礼なことをしたかしら……」と、不安を覚える人もいます。

オンラインミーティングのアプリを立ち上げて、自分のカメラ映りを確認してみましょう。

自分のカメラ映りをチェック

チェック欄	チェック項目
	緊張のあまりかたい表情になっていないか
	こわばった怖い表情になっていないか
	目は微笑んでいるか
	不愛想、無表情に感じないか
	画面に対して顔が大きすぎたり小さすぎたりしていないか

（((• 簡単トレーニングで表情をやわらかくする

　カメラに映った自分の表情がイマイチだった場合にオススメのトレーニングがあります。

　パソコンのない場所でも、鏡を使って行うことができます。

1．カメラに顔を映したまま、雑誌などで鼻から下を隠す

　雑誌などで、鼻から下を隠し、目から上だけが見えるようにします。

2．「感じのよい目の表情」を意識して、顔の筋肉を動かす

　感じのよい表情とは、目が微笑んでいることが伝わる表情です。「好きなこと」「楽しいこと」を想像していると、自然と目元が微笑みます。

　このとき、鼻から下のことは考えず、目の映り具合だけに集中して顔の筋肉を動かします。

※マナー西出ひろ子考案
「表情トレーニング法」

　目が微笑むと自然に顔全体の印象も和らぎ、周囲に好感を持たれる表情になります。このときの顔の筋肉の動きを覚えておきましょう。

POINT

あなたの表情がかたいと相手が不安になる。トレーニングで
目に微笑みを浮かべるコツをつかんでおく。

4

漏洩リスクを減らすには
「ヘッドセット」が便利

 環境によっては、用意しておくと便利

マイクとイヤホンがセットになった「ヘッドセット」を、オンラインミーティングで使う人を見かけます。

ヘッドセットはテレワークの必須アイテムとは言いませんが、音量を気にせず会話ができるため、家族等と同居している人にとっては有効です。

また、外出先から参加する場合は、ヘッドセットを使用することで、会議内容の漏洩リスクを大幅に軽減できます。

ヘッドセットはマイクが口元にあるため、据え置きマイクよりも声を拾いやすく、ほかの参加者が聞き取りやすくなるというメリットもあります。

一方で、些細な音もしっかり拾うので、マイクに手や衣服が触れるだけでも相手に音が届いてしまいます。不快に感じる人もいるので気をつけましょう。

頻繁にオンラインミーティングを行うようなら、家族のためにもほかの参加者のためにも、ヘッドセットを用意してもいいでしょう。

P O I N T

ヘッドセットがなくてもオンラインミーティングは可能。同居人がいる場合など、用意しておくと便利。

服装は仕事相手・内容に合わせて選ぶ

((・ 社内会議の服装は、仕事内容に合わせて選ぶ

　テレワーク中の身だしなみは、特に「オンラインミーティング」があるときに重要です。

　事前に「服装のガイドライン」を決めておくと、悩まずに済みます。

　弊社がコンサルティングに入っている企業では、オンラインミーティング時の服装のガイドラインを、社内会議の場合と、社外の方々との会議の場合とで、それぞれ定めています（57ページ、59ページ参照）。

　各企業のガイドラインが異なることからもおわかりのように、仕事にふさわしい服装は、業種や職種、部署によっても変わってきます。

　仕事の内容によっては「身だしなみがゆるいほうが、仕事に専念できて捗る」といった考え方もあります。そういう場合は、最低限のガイドラインを作っておくといいでしょう。

　また、服装を替えることには、気持ちが引き締まる効果もあります。意識して服装を選びましょう。

社内会議を想定した服装ガイドラインの例

A社　金融系

男性　ワイシャツ必須。ボタンダウンのシャツ可。カジュアルジャケット必須。無精ひげははやさない。整髪をする。

女性　カーディガンかジャケット必須。インナーはシャツ。カットソー、ニット可。髪型は肩よりも長髪の人はゴムでまとめる。バレッタ不可。ナチュラルメイクをする。

B社　メーカー系

男性　Tシャツ、ポロシャツ、セーター、ボタンダウン、ワイシャツ可。寝間着不可（肌が透ける素材や露出が多いデザインも不可）。ジャケットは必須ではない。無精ひげははやさない。整髪をする。

女性　カットソー、ニット可。寝間着不可（肌が透ける素材や露出が多いデザインも不可）。ファンデーションや口紅など、最低限のメイクをする。

C社　IT・メディア系

男性　Tシャツ、ポロシャツ、セーター、ボタンダウン、ワイシャツ可。寝間着不可（肌が透ける素材や露出が多いデザインも不可）。ジャケットは必須ではない。無精ひげOK。

女性　カットソー、ニット可。寝間着不可（肌が透ける素材や露出が多いデザインも不可）。メイクは個人の判断に任せるが、バーチャルメイクは不可。

※肌アレルギーなどでメイクが難しいときはする必要はありません。状況に応じて判断してください。

(ii• 社外の方々との会議はフォーマル寄りに

　取引先など、社外の方々との会議の服装は、社内会議のときよりも、ワンランクフォーマル寄りにする傾向があります。

　どのような業種や職種の相手との会議かに応じて、身だしなみも変わってきます。

　また、ホスト役を務めるときは、男性であれば、ジャケットにブルー系のシャツを組み合わせるとスマートな印象を与えます。女性であれば、イヤリングやネックレス、ブローチをつけるだけで、華やかな印象を与えて目を惹きます。

　弊社がコンサルティングに入っている企業では、次ページのようなガイドラインを作成しています。57ページで紹介した「社内会議を想定した服装ガイドラインの例」と同じ会社のものなので、比較すると、社内と社外の違いが見えてきます。

　ガイドラインを設けた会社からは、社内会議は適度にリラックスすることで意見が出やすく、社外会議はワンランクフォーマルに寄せることでよい緊張感が生まれ、よい意味で身が引き締まるという声が上がっています。

P O I N T

あらかじめガイドラインを作ると、参加者が服選びに迷わない。業種や職種に合わせた服装を。

社外会議を想定した服装ガイドラインの例

A社　金融系

男性　基本はスーツ。ボタンダウンのシャツ可。カジュアルジャケット不可。無精ひげははやさない。整髪をする。

女性　基本はスーツ。インナーはシャツ、ニット可。カットソー不可。髪型は肩よりも長い人はゴムでまとめる。バレッタ不可。ナチュラルメイクをする。

B社　メーカー系

男性　ワイシャツ必須。ボタンダウンのシャツ可。カジュアルジャケット必須。無精ひげははやさない。整髪をする。

女性　カーディガンかジャケット必須。インナーはシャツ。ニット、カットソー可。髪型は肩よりも長い人はゴムでまとめる。バレッタ不可。ナチュラルメイクをする。

C社　IT・メディア系

男性　Tシャツ、ポロシャツ、セーター、ボタンダウン、ワイシャツ可。寝間着不可（肌が透ける素材や露出が多いデザインも不可）。ジャケットは必須ではない。無精ひげははやさない。整髪をする。

女性　カットソー・ニット可。寝間着不可（肌が透ける素材や露出が多いデザインも不可）。ファンデーションや口紅など、最低限のメイクをする。

※肌アレルギーなどでメイクが難しいときはする必要はありません。状況に応じて判断してください。

6 オンラインミーティング時に気をつける2つのこと

((・ 上半身の服は明るい色を選ぶと好感度が高くなる

　先ほどご紹介したガイドラインでは触れていませんでしたが、オンラインミーティングでは、「色」も服を選ぶ際の大事なポイントになります。

　同じデザインの服であっても、色によって、相手に与える印象は変わります。

　たとえば、スーツ姿であったとしても、黒や濃紺のジャケットに白いシャツの組み合わせであれば、すっきりした印象を与えますが、黒や紺のシャツだと暗い印象を与えかねません。

　一般的には明るい色のほうが、顔映りもよくオススメと言われます。白、クリーム、ペールブルーやペールイエロー、ペールピンクなど、控えめで明るい色の服がオススメです。ほかの参加者の気持ちも明るくなります。

((・ 背景によっては「明るい色」が映えないことに注意

　オンラインミーティング時、画面には、あなたと背景が映り込みます。

　背景が暗い色だと全体が暗くなりがちです。あなたが背景に使っている壁やカーテンなどが暗い色なのであれば、暗い色の服は避けましょう。また、服が白で背景も白だと、色が重なってしまい、顔だけが浮いて見えてしまうことがあります。

　どのような色の服を着るかは、背景の色も踏まえて決めましょう。

ミーティングアプリのカメラテスト機能などを活用して、服装と背景の組み合わせを確認しておくと安心です。

((見えないからと油断は禁物

　テレワークならではのご相談に、「画面に見えない下半身の服装はどうすればいいか？」といったものがあります。オンラインミーティングの際は基本的に上半身しか映りませんから、上半身がしっかりとした服装をしていれば、下半身は家庭用の普段着でもいいか、という疑問ですね。

　俗に言われるマナーとしては、「上下きちんとした格好にしましょう」となるでしょうが、一概に言うことはできません。

　とはいえ、身だしなみを整えることが、テレワークで気がゆるまないコツの一つでもあります。自分を律するために、身だしなみを整えることは悪いことではありません。

　また、オンラインミーティング中も、資料を取りに行ったり、急な来客に対応したりと、立ち上がらなければならない場面は意外とあります。そのようなときに、ほかの参加者にボトムスを見られて恥ずかしい思いをするのは自分です。

　だからと言って、ボトムスを見られたくないために、必要があっても立ち上がらなければ、それこそ会議に支障をきたします。

　そんなことにならないよう、上半身に合うボトムスを着用しておいたほうがよりよいでしょう。

((・ 大人である以上、最終的には服装も自己責任で

　テレワークといえど、就業中ですから、出勤時と同じように、上下ともしっかりと身だしなみを整えるのが理想と言えるかもしれません。

　しかし、会社として許されているのなら、オンラインミーティング時のボトムスは、多少ラフな格好でも許されるのではないかというのが、現時点での私の考えです。

　見える上半身がしっかりとしていて、結果的にオンラインミーティングの目的が果たせるのであれば、社会人としての仕事の役割は果たしているからです。

　マナーは相手の立場に立ち、相手を不快にさせないことが、最優先事項です。
　不快にさせない相手には、「自分自身」も含まれます。

　テレワーク中は、ただでさえストレスがたまりがちです。
　マナーだからとその型だけに固執し、オンラインミーティングの服装で頭を悩ませ、ストレスを抱えることはありません。
　そのときの自分の立場や状況、相手との関係性などに応じて、大人としての判断と責任で服装を選びましょう。

　相手も自分も不快にさせず、お互いよい印象を抱くことができれば、ミーティングの効果も高まりますね。

P O I N T

服は「明るい色」が映えるが、背景によっては替える。ボトムスをどうするかは、大人として自己責任で決める。

「オンラインミーティングの準備」のマナー

第 **4** 章

1 オンラインミーティングを
打診されたら

((•・ オンラインミーティングの依頼対応は早めに

テレワークでは、「オンラインミーティング」が頻繁に行われます。

あなたもミーティングのアポイントメントの依頼（参加の可否や候補日などの打診）を受けることも少なくないでしょう。

アポイントメントの依頼があったら、できるだけ早めに回答しましょう。先方を待たせずに済み、負担を軽くできます。

66 〜 71 ページでメールの文例を紹介していますので、参考にしてください。

依頼の連絡が電話であった場合は、口頭で候補日を返答してもかまいませんが、電話を終えた後、なるべく早く電話で話した内容を文章化したメールを送りましょう。

メールは情報を文章で残せるので、「言った・言わない」のトラブルを回避できます。

社内の人であっても、対応は同じです。

また、丁寧な言葉遣いを心がけましょう。

テレワーク中は、上司や同僚と顔を合わせる機会が激減し、関係性にも変化が生じてくるからです。「丁寧すぎたかな」と思うくらいのほうが、心地よいメールになります。

(((・ 相手とリアルでの面識が一度もないときは

　リアルで一度も対面したことがない相手と、オンラインミーティングを行うこともあるでしょう。

　面識のない相手からアポイントメントの依頼があったら、丁重に返信メールを書き、対応しましょう。

　ファーストコンタクトの印象が、その後のあなたのイメージを左右します。言葉足らずの部分はないか、誤字や失礼な言い回しはないか、念入りにチェックしてからメールを送りましょう。

　また、面識のない人への返信メールには、「オンライン名刺」を添付すると親切です。

　オンライン名刺に決まった形はありません。名刺をスキャンして送ってもいいですし、必要な情報を文章にして送ってもいいでしょう。

　名刺交換は自分の役職を伝え、相手の役職を知る貴重な手段です。

　メールを介してでも、事前に名刺交換を済ませておけば、オンラインミーティング前から、お互いの理解を深められます。

　欧米ではかねてから、オンライン名刺交換のスタイルが浸透しています。日本でも「新しい生活様式」とともに、一般化していくのではと考えています。

第4章

P O I N T

アポイントメントの依頼を受けたら、早めに返信を。文章で残るメールは、トラブルを避けられる。

○○○○会社
大阪支店
田中太郎様

田中様、この度は弊社 HP よりお問い合わせを頂戴し、
誠にありがとうございます。
ヒロコマナーグループの斎藤と申します。

早速でございますが、
田中様は現在大阪にいらっしゃるとのことでございますので、
ご説明は、オンラインにて
行わせていただければと存じます。

つきましては、その日程を決めさせていただいても
よろしいでしょうか。

ご多用のところ誠に恐縮でございますが、
10 月 12 日以降、10 月 30 日までの間で、
ご都合のよろしいお日にちとお時間を、
3 日程度挙げていただけますと有難く存じます。

なお、弊社のオンラインツールは、
主に Teams を使用いたしておりますが、
田中様のご希望のツールにて対応も可能かと存じます。

ご日程と同時に、ご希望のオンラインツールも
ご教示いただけますようお願い申し上げます。

お手数をおかけいたしますが、
どうぞよろしくお願い申し上げます。

最後になりましたが、私の名刺を添付いたします。

引き続き、何卒よろしくお願い申し上げます。

＊＊＊
ヒロコマナーグループ
営業部 斎藤裕子

〒 100-0000
東京都 XX 区 XX 町 1 丁目 1 番 1 号
TEL: ＋ 81 (0)3 XXXX-XXXX
FAX: ＋ 81 (0)3 XXXX-XXXX
http://www.hirokomanner-group.com
＊＊＊

ヒロコマナーグループ
営業部 斎藤裕子様

斎藤様、この度はお世話になっております。

○○○○会社大阪支店で支店長をいたしております
田中と申します。

早速のご連絡に感謝申し上げます。

オンラインでのお打ち合わせは、
下記の日程でご調整願えれば幸いです。

◆オンラインお打ち合わせ希望日
第一希望　10月12日（月）10:00-11:00
第二希望　10月13日（火）9:00-10:00
第三希望　10月14日（水）9:00-10:00

当日は、私のほかに、本メールのCCにございます
弊社の池田も参加させていただきますので、
招待メールは池田にもよろしくお願い申し上げます。

使用ツールは、Teamsで結構でございます。

なお、私の名刺も添付いたします。

以上、よろしくお願いいたします。

＊＊＊
○○○○会社
大阪支店
支店長 田中太郎

〒 500-0000
大阪市 XX 区 XX 町 1-1
TEL:06-XXXX-XXXX
FAX:06-XXXX-XXXX
http://www.XXXX.co.jp
＊＊＊

人事部 第二課
課長 山田様

山田さん、お疲れ様でございます。

さて、次回のオンラインミーティングの日程ですが、
下記のいずれかで開催予定です。

ご都合の悪い日程がございましたら、返信をお願いします。

今回の議題は、来年度の新入社員研修の開催についてです。

よろしくお願いいたします。

◆オンラインミーティング候補日
10 月　1 日（木）10:00-11:00
10 月　5 日（月）13:00-14:00
10 月　7 日（水）11:00-12:00
10 月 12 日（月）14:00-15:00

以上、よろしくお願い申し上げます。

＊＊＊
人事部 第三課
佐藤
携帯電話 :080-XXXX-XXXX
＊＊＊

☆ 返信メールの例

人事部 第三課
佐藤様

佐藤さん、お疲れ様です。

次回のオンラインミーティングの日程と議題のご連絡、
ありがとうございます。

私の参加可能な日時は、下記のとおりです。

◆ 10月 5日（月）13:00-14:00
◆ 10月12日（月）14:00-15:00

日程調整大変だと思いますが、よろしくお願いします。

＊＊＊
人事部 第二課
山田
携帯電話：090-XXXX-XXXX
＊＊＊

2 「招待メール」にも返信する のがホストへの心配り

((ᴵᴵ 紛失したら参加できなくなる重大メール

　ミーティングの日程が決まったら、ホストから「招待メール（招待状）」が届きます。SNS経由で「入室アドレス」（オンラインミーティングに参加〈入室〉するためのアドレス）が届くこともあるでしょう。

　ミーティングアプリによって形式は異なりますが、招待メールにはURLやパスワードなど、会議室にアクセス（入室）するのに必要な情報が記されています。

　招待メールを紛失してしまうと、参加できなくなる危険があります。会議直前に慌てて探したりすることのないように、「招待メール」は確実に保存しておきましょう。

　また、招待メールを受け取ったら、その旨をすぐにホストに伝えましょう。届いたことが確認できると、ホストは安心します。

　招待メールが、参加者の手元に正しく届いているか、ホストも不安を抱えているものです。

　簡潔な文章でもかまいませんので、受領した旨、報告メールを入れると親切です。感謝の言葉を添えることで気配りの度合いがアップします（75ページ参照）。

P O I N T

招待メールはすぐに開ける場所に保存。感謝の気持ちとともに、受信したことをホストに返信。

○○○○会社
大阪支店
田中太郎様
(CC: 池田様)

田中様、この度は大変お世話になっております。

ヒロコマナーグループの斎藤と申します。

早々にご返信を頂戴し、誠にありがとうございます。

それでは、下記の日程にて、ご挨拶とともに、弊社新商品の
ご説明をさせていただきます。

◆ 10月12日（月）10:00-11:00

お時間になりましたら、
下記『Microsoft Teams 会議に参加』を押下の上、
ご参加くださいますようお願い申し上げます。

なお、弊社からは、上長の中村、
そして私が参加いたします。

当日使用予定の資料も添付いたします。

『Microsoft Teams 会議に参加』

Teams の詳細を表示　会議のオプション

田中様と池田様にオンラインにてお目にかかれますこと、感謝申し上げます。

当日、遅刻もしくは欠席される場合には、私、斎藤まで、本メールアドレス宛にご連絡ください。

当日は、何卒よろしくお願い申し上げます。

＊＊＊
ヒロコマナーグループ
営業部 斎藤裕子
〒 100-0000
東京都 XX 区 XX 町 1 丁目 1 番 1 号
TEL: ＋ 81 (0)3 XXXX-XXXX
FAX: ＋ 81 (0)3 XXXX-XXXX
http://www.hirokomanner-group.com
＊＊＊

☆ 返信メールの例

ヒロコマナーグループ
営業部 斎藤裕子様

斎藤様、この度はお世話になっております。

○○○○会社 大阪支店の田中でございます。

早速の Teams 会議インビテーションメールを
ご丁寧に送信くださり、ありがとうございます。

また当日の資料および池田への CC も
ありがとうございます。

◆ 10 月 12 日（月）10:00-11:00

私も斎藤様ほか、皆様とオンラインにて
お目にかかれますことを、楽しみにいたしております。

よろしくお願い申し上げます。

＊＊＊
○○○○会社
大阪支店
支店長 田中太郎

〒 500-0000
大阪市 XX 区 XX 町 1-1
TEL:06-XXXX-XXXX
FAX:06-XXXX-XXXX
http://www.XXXX.co.jp
＊＊＊

第4章

画面に映る「背景」にも 充分な配慮が必要

((· カーテンなどを使って私物が映らないように

オンラインミーティングでは、カメラにあなただけでなく「背景」も映り込みます。

カメラ位置を固定するときには、自分の表情だけでなく、「背景に何が映るか」まで確認しましょう。

洗濯物やプライベートな品物など、生活感丸出しの室内を目にするのは、見る側も申し訳ない気分になるものです。私物が気になって、会議に集中できないという声も寄せられています。

カメラ確認をして映り込むようなら、カメラ位置を再調整するなり、原因となるものを片づけるなりして、対応しましょう。

いつもはないのに、その日に限って物が置いてあったりすることもあります。必ず、ミーティング当日に確認しましょう。

普段から整理整頓を心がけていれば、ほかの参加者に不快な思いをさせるリスクを軽減できます。

ミーティングアプリによっては、背景をぼやかせる機能を持つものもあります。活用できるか確認しておくとよいでしょう。

((· 「衝立」がバックスクリーンの代わりになる!

急に会議が決まった場合など、整理整頓の時間が取れないこともあるでしょう。このようなときは、背景がカーテンや壁となる向きに座って参加することで、私物を映さずに済みます。

間取りの関係でどうしても、私物が入り込んでしまう部屋もあるでしょう。そのような場合は「布」を垂らして、カーテン

の代わりにするといいでしょう。短時間で背景を変えられます。

　布などで私物を隠すときは、余計な凸凹を作らないこと。凸凹があると、「何を隠しているんだろう」とかえって中身が気になって、集中できなくなる人もいるようです。

　物体の上に布を覆いかぶせるのではなく、布をまっすぐに垂らすと、背景に凸凹がなくなります。理想は天井から布を垂らすことですが、それが難しければ「衝立（パーティション）」を用意しましょう。

　ある程度の高さのある衝立の上に、布を覆いかぶせることで、立派なバックスクリーンが完成します。もちろん、布をかぶせず、衝立を置くだけでもかまいません。生活感のある私物はしっかり隠しましょう。「それ恋人の？」など、リモートハラスメント（リモハラ）のきっかけになることも避けられます。

　お互いがミーティングに集中するために、画面の環境作りは重要なのです。

第4章

「バーチャル背景」の
活用で自己演出

(((・ 画像や写真を使って私物を隠す&演出を

　ミーティングアプリによっては、「バーチャル背景」の機能がついているので、これを活用するのもいいでしょう。自分の部屋の一部ではなく、画像や写真を背景にするのです。

　たとえば「オフィス」に関するバーチャル背景を選べば、自宅から会議に参加していても、ビジネスシーンの雰囲気を演出できます。

　私物が映り込まないようにと苦労して、カメラ位置を調整したり、片づけをしたりする必要もなくなるので便利です。

　ただし、少数派ではありますが、バーチャル背景で自室を見せないことに、「秘密主義」「自分には見せたくないということ」などといったネガティブな印象を抱く人もいます。

　ビジネスマナーの観点から言えば、バーチャル背景にするかどうかは、完全に個人の自由です。属している企業が禁止していなければ何ら問題はありませんが、バーチャル背景を嫌う人がいることは、頭の片隅にとどめておき、参加者にそのような人がいる場合は、使用を避けたほうが無難です。

(((・ 背景がコミュニケーションを円滑にすることも

　背景がきっかけで、オンラインミーティングが円滑に進むこともあります。ときには、人間関係まで改善されます。

私は社内スタッフとのミーティングでは、「いつもありがとうございます」とのメッセージボードを背景に掲げています。親しいクライアントとのミーティングでは、「心より感謝御礼」などのメッセージボードに差し替えます。いずれもほかの参加者への感謝の気持ちからです。

　背景にこうしたメッセージを表示するようにして以来、オンラインミーティングの終了後にスタッフやクライアントから、多くのメールやメッセージが届くようになりました。「背景のメッセージ、受け取りました。ありがとうございます」といった、きわめて好意的なものが大半です。

　私がマナーコンサルティングを担当している企業でも、この手法を取り入れたところ、参加者から大変好評で、人間関係が円滑になり、職場に出勤していたときよりも親しくなれ、仕事がスムーズに進むようになったといいます。

(((・「自分にふさわしい背景」を探してみよう！

　背景に「お花」を飾るだけでも、明るい雰囲気が醸し出され、会議中に発言しやすくなります。たくさんの本が並んだ「本棚」は、インテリ感をアピールできるといった効果があります。

　引き延ばした「自身の名刺」を、背景にしている企業経営者やフリーランスの方もいらっしゃいます。これなら自然に、氏名や肩書きをアピールできて一石二鳥です。

　このようにオンラインミーティングの背景の選び方次第で、参加者の受け取り方が変わり、ビジネスマナーの理想である「WIN-WINの創造」が実現するのです。

POINT

背景で印象は大きく変わる。バーチャル背景をうまく活用しよう。

「スマホでミーティングに 参加するとき」の注意点

(((スマホでの参加を「失礼」と感じる人もいる

　自宅にパソコンがなかったり、あってもカメラやマイクが付いていなかったりといった理由で、スマホでオンラインミーティングに参加することもあるでしょう。

　スマホの手軽さからか、「スマホで参加したら、ほかの参加者に失礼になりますか？」と不安を感じている人からのご相談を多く受けます。

　マナーの根底には、「周囲に合わせる」という気持ちがあります。

　それに則れば、パソコンでの参加者がほとんどであるならば、やはりパソコンで参加するというのがマナーの基本的な考え方となります。

　とはいえ、理由があってスマホでオンラインミーティングに参加することは、失礼にはあたりません。

　最近のスマホはパソコンよりも、カメラやマイクの性能が高く、あえてスマホで参加することが、ほかの参加者を快適にするケースもあります。

　スマホだからといって、変に遠慮する必要はありません。

(((最初にひと言添えるだけで受け入れられやすくなる

　スマホで参加すると、ほかの参加者にもそのことがわかります。スマホのカメラ映像はそのままだと縦長で、両端が黒くな

るからです。パソコンの横長の映像に囲まれると目立ちますし、見える範囲が狭くなりますから、気にする参加者がいる可能性は否定できません。

　スマホで参加する場合は、ミーティング開始直後の挨拶や自己紹介の場で、次のようなひと言を添えるなどして、参加者に伝えておくとよいでしょう。

　「スマホでの参加で、画面が小さく見えにくいかもしれませんが、よろしくお願いいたします」

　このように伝えておけば、ほかの参加者も、違和感などを覚えることもなくなります。

　ちょっとしたひと言が気配りとなり、良好な人間関係をはぐくんでいくのです。

　また、スマホをデスクに置いてオンラインミーティングに参加すると、下から見上げるように自分を撮影することになります。

　50ページでお話ししたとおり、カメラ位置が低いと鼻の穴の中が見えるなど、顔の映りが悪くなってしまうので、目線の高さ、もしくはやや高めの位置にカメラがくるよう設置しましょう。

P O I N T

　スマホだからといって遠慮しなくて大丈夫。ただし、ほかの参加者が違和感を覚えない配慮を。

身だしなみのチェックを忘れない

((・ 身だしなみの気遣いは、ほかの参加者への配慮

すでにお話ししていますが、オンラインミーティングは、身だしなみが重要です。

会議開始前にきちんとチェックしましょう。自然と気持ちが引き締まり、「仕事モード」に切り替わります。

身だしなみは、相手に対する敬意の表れです。自分目線ではなく、相手目線で、自分の身だしなみを意識しましょう。

次ページのチェック項目を参考に、「相手に不快を与えず、成果の出るオンラインミーティング」を目指しましょう。

((・ 清潔感とさわやかさを意識する

テレワーク中、整髪を怠ったり、無精ひげをはやす人もいますが、勤務時間であることに変わりはありません。今一度、自社の就業規則や服装のガイドラインを見直しましょう。

ひげや髪型が整っていると、画面越しでも清潔感が伝わります。ビジネスシーンでは耳を出し、すっきりとさわやかな印象を与えることで、相手の気持ちを明るくします。

人は楽をしようと思えばとことん、楽な方向へと流されていく習性があります。服装の乱れが怠惰へとつながることのないように気をつけましょう。

服装が原因でストレスを高めることはないのですが、ほかの参加者への配慮ができる人はステキですね。

オンラインミーティング前の身だしなみチェックリスト

チェック欄	チェック項目
	洗顔をしたか
	歯磨きをしたか
	整髪をしているか
	ひげ（もみあげ）を剃っているか（男性の場合）
	ナチュラルメイクをしているか（女性の場合）
	洋服にシワや汚れはないか
	洋服に穴が空いていたり、破れたりしていないか
	自社のガイドラインに即した服装にしているか
	胸元は開きすぎていないか
	肌が露出しすぎる服を着ていないか　※注1
	肌が透けて見える生地ではないか
	不要なマスクを着用していないか　※注2

※注1　フォーマルシーンにおけるファッションの基本的マナーとして、昼間は肌を出さないのが正式。ビジネスシーンにおいてもこれを念頭に置く

※注2　花粉症など体調の悪さを理由としたマスク着用は OK。「ノーメイクで顔を隠したい」「小顔に見せたい」といった理由でのマスク着用は控える

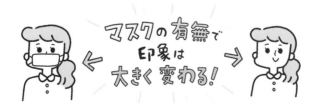

マスクの有無で印象は大きく変わる！

第4章

テレワークでは自分を律すること、つまり、「自律」が大きなキーワードになるからです。

　マナーは常に相手ファースト。自分がどうかではなく、相手がどう思うかを念頭に置く習慣をつけると、WIN-WIN、HAPPY-HAPPY の関係を築きやすくなります。

　相手から見える箇所の身だしなみは「Time（時）」「Place（場所）」「Person（人・相手）」「Position（立場）」「Occasion（場合）」の「TPPPO®」に応じて変化させてまいりましょう。

P O I N T

身だしなみを意識してチェックすることで「自律」でき、仕事モードに切り替わる。相手への配慮を忘れずに。

※ 「TPPPO®」は西出博子の登録商標です。

第5章

「オンラインミーティング中」の マナー（一般参加者の場合）

1

オンラインミーティングの
「入室は１分前」でOK

((・ 10分前には準備完了。いつでも入室できる状態に

　オンラインミーティングには、機材トラブルの危険がつきまといます。パソコンが立ち上がらなかったり、回線が不安定だったり……。

　トラブルはほかの参加者に心配をかけてしまいますし、会議そのものに参加できない可能性も出てきます。

　このような事態を避けるために、テレワークでも「10分前行動」を心がけてみましょう。

　開始時刻の10分前にはミーティングアプリを立ち上げて、次の項目をチェックしておくと安心です。

ミーティング直前のチェック（一般参加者の場合）

チェック欄	チェック項目
	インターネットに接続できるか
	カメラの位置や映り具合は問題ないか
	音声は問題ないか
	事前に届いた資料類は開けるか
	招待メールがすぐに開けるか

((・ 遅くても 1 分前に入室。入れないときは画面の前で待機

　オンラインミーティングに「いつ入室すればいいのでしょうか」と質問をいただくことも少なくありません。

　早く入室したほうが安心だけれど、ホストにプレッシャーを与えてしまうのではないか。かといって、開始時間ギリギリだと、取引先や上司より後に入室することとなり失礼になってしまうのではないか。テレワークで相手の様子が見えない分、心配になってしまいますよね。

　オンラインミーティングは、開始時間の 1 分前には入室しておくと安心です。そうすれば開始時間に間に合うからです。

　ホストが会議室を開くまで、入室できない仕様になっていることもあります。入室できないときは、入室可能な状態になるまでその場で待ちましょう。開始時間になっても入室できないからと席を離れてしまうと、その間に開始されることもあります。あなたが遅刻したように受け取られてしまいかねません。

　中には、開始時間前から会議室を開くホストもいます。その場合は、入室して挨拶をしたり、画面と音声をミュートにしておきましょう。そうすれば、会議直前までほかのことができます。開始時間になったら、ミュートを解除すればいいのです。

　マナーは相手の立場を考えつつ、お互いにプラスの関係を構築させていくものです。直前までほかのミーティングに参加していたなど、それぞれ事情があります。「先に入室していないから失礼だ」などとお互いが思わないこと。それが真のマナーです。

POINT

10 分前にはパソコンを開き、環境のチェックを。招待メールの用意を忘れずに。入室時間は互いに尊重しあう。

急な遅刻・欠席は
「メール」で連絡

((・ 遅刻・欠席の連絡は、電話よりもメールか SNS

　緊急の電話やメールなどの対応で、時間どおりに会議に入室できなくなる事態もあるでしょう。

　社内会議の場合は、ホストを担当している人に直接連絡し、事情を説明しましょう。社外会議の場合は、社内の参加者が別にいるときは、その方に事情を伝えましょう。その人を通じて、取引先に伝えてもらいます。

　会社から自分1人しか参加者がおらず、ほかに遅刻や欠席を伝える手段がなければ、取引先のホスト役の人に直接連絡を入れましょう。

　招待メールに「遅刻・欠席時の連絡方法」が書かれている場合は、その指示に従います。招待メールに記されていない場合は、「メールや SNS」を使って連絡します。

「電話で連絡したほうが、失礼に当たらないのでは？」

　そのように思われるかもしれませんし、たしかに直前の連絡でなければ、電話のほうが直接伝えられるため、適しています。しかし、開始時間直前は、メールや SNS を使うことが、ホストへの配慮となります。

　ホストへの連絡に「メールやSNS」を使うのは、ホスト役はオンラインミーティングの開始直前まで機材チェックなどの準備に追われているからです。

　遅刻や欠席の連絡を電話でしたら、ほかの作業がストップし、かえって迷惑をかけてしまいます。

　ホストが落ち着いたタイミングでチェックできる形で届け出るほうが、負担をかけずに済むわけです。

　ビジネスシーンにおいて、遅刻や欠席の連絡をメールやSNSで伝えることは失礼だと学んだ方も多いかもしれません。

　しかし、マナーは時代によってその型は変化するもの。会議の目的は、お互いにとってスムーズに仕事を進めることが最優先です。

　電話でないと失礼だとか、そういうことよりも、もっと重視すべき大切なことがあります。

　それは、「遅刻をする」「欠席をする」という情報が、きちんとホストに届くことです。

　無断遅刻、無断欠席とならないよう、確実に伝えるための行動をしましょう。

第5章

P O I N T

会議直前の連絡手段はメールかSNSで。電話での連絡は相手の負担になるので控える。

3

場の空気を和やかにするのは
温かな「挨拶」

(((挨拶は「3つのこ」を意識する

　「挨拶」はビジネスマナーの基本中の基本。もっとも重要なコミュニケーション手段の一つと考えます。

　挨拶にはもともと、「心を開いて、相手に近づく」といった意味があります。

「はじめまして」「おはようございます」などの挨拶をするときは、参加者全員に対して心の扉を開く気持ちが大切です。

　温かな気持ちは、画面越しでも伝わります。

　私は以前より、挨拶は「3つのこ」で成り立っているとお伝えしています。それは「言葉」「行動」「心」です。

挨拶の「3つのこ」

1. 言葉（ことば）
「はじめまして」「おはようございます」
「お疲れ様です」

2. 行動（こうどう）
頭を下げる
感じのよい表情をする

3. 心（こころ）
「これからよろしくお願いします」
「よいお付き合いをお願いします」などの気持ち

心は目には見えませんが、コミュニケーションを取るうえで、とても大切です。言葉と行動をセットにすることで、あなたの心にある思いが、誤解なく相手に伝わるのです。

カメラ映えをする挨拶は腰を曲げない

　オンラインミーティングがスタートしたら、「はじめまして」「おはようございます」と頭を下げて挨拶しましょう。

　言葉と行動がセットになることで、「よいお付き合いをお願いします」といった気持ちも伝わります。

　行動が伴わない言葉だけの挨拶は、うまく心が伝わりません。「横柄な人」だと誤解されたりなど、ミスコミュニケーションが発生しやすくなります。「3つのこ」が揃うことで、挨拶は効果を発揮します。

　カメラ越しのオンラインミーティングでは、腰を折り曲げる深々としたお辞儀は不要です。カメラにぶつかったり、頭上がアップで映ってしまったりするからです。オンラインミーティングでは、首だけを下に振れば充分です。

P O I N T

オンラインミーティングでも「言葉」「行動」「心」の伴った挨拶を。お辞儀は首だけ曲げればOK。

4

「自己紹介」では
役職も名乗る

((·• 自社側の紹介順はあらかじめ決めておく

　社内会議で参加者全員が顔見知りなら、最初の挨拶を終える
なり、本題に入ることもあるでしょう。

　しかし、社外の人も交えた会議では、1人でも初対面の方が
いたら、リアル会議と同様、「自己紹介」が必要です。

　テレワークが浸透すると同時に、社外の人との接点が減る傾
向があります。「ネットを通じて連絡はしているが、実際に会っ
たことはない」といった仕事相手がいるのではないでしょう
か。そうした人たちが参加するオンラインミーティングでは、
なおさら自己紹介が重要になります。

　多くのオンラインミーティングでは、ホストが進行役を務め
るため、最初にホスト自身が挨拶をします。それからホストに
促される形で、参加者が挨拶していきます。

　おおまかには、次のような流れとなります。

オンラインミーティングの自己紹介の流れ

1. ホストの挨拶と自己紹介
2. 自社側の自己紹介（役職の高い順）
3. 取引先側の自己紹介（役職の高い順）

自己紹介は「目下の者から」というルールがあります。まず

はホスト役の人が属する会社の役職の高い人から順に自己紹介をしていきます。そう考えれば、自分が挨拶する順番もわかりますね。

役職の近い人が複数参加していて、自己紹介のタイミングがわからないときは、社内であらかじめ調整しておきましょう。

自社が開催する会議であれば、その順番をホストにも伝えておくといいですね。「続いて、○○さん、お願いします」と、ホストが自己紹介を促す進め方もできるからです。

(((・ 自己紹介で「役職」を名乗ると相手も発言しやすい

あなたの挨拶の順番が回ってきたら、次のように挨拶をするといいでしょう。ポイントは役職を名乗ることです。

「おはようございます。係長の山田です。
よろしくお願いいたします（一礼）」

第5章

一般的に、初対面の挨拶の際は、名刺交換をします。このとき、役職を名乗ることはあまりありません。

しかし、オンラインミーティングでは名刺交換ができないので、事前にオンライン名刺交換をしていなければ、互いの役職を知ることができません。

互いに失礼のないようにコミュニケーションを取るには、役職がわかっているほうが安心です。役職も伝えましょう。

P O I N T

自己紹介は「自社の役職の高い人」からスタート。役職も一緒に名乗ると、相手のプラスになる。

5

オンラインの「席次」は
気にしなくていい

((•・ 順番は気にするだけ時間のムダ。自由に入室すればいい

　ツールにもよりますが、多くの場合、入室した順番で画面上
の表示位置が決まります。

　早めに入室した人が上段になることが多いため、「目上の人
より上に映らないように、目下の人は後から入室すべき」「早
めに入室してしまったら、一度退室して、改めて入室する」と
いった主張をする人がいるようです。その結果、若い方がミー
ティングの開始時間になっても入室を躊躇してしまうという話
をうかがったこともあります。

　結論から言えば、オンラインミーティングで席次を気にする
必要はありません。

　そもそも、アプリが席次を意識した仕組みになっていません
し、入退室に時間をかけ、時間どおりにミーティングを始めら
れないほうが非効率的であり、非現実的です。

　さらに、あなたの見ている画面と、ほかの参加者の見ている
画面の映り方が必ずしも一緒であるとは限りません。あなたの
パソコンの画面では、上司の顔があなたの真下に映っているか
もしれませんが、上司のパソコンの画面では、あなたが下段に
映っているかもしれないのです。

　いちいち気にしても仕方がないということです。

（(・「新しい生活様式」の「新しいビジネスマナー」

　日本政府が「新しい生活様式」を推進しているように、仕事の仕方が変わり、それとともに、ビジネスマナーも「新しいビジネスマナー」に変わってきています。

　テレワークが増えただけでなく、作業環境、勤務スタイルも大きく変わり、人々の意識も変わってきています。

　このような激動の時代において、「これまではこうだったから」と以前のやり方に無理矢理合わせようとしたり、「これは失礼」「これが正しい」などと細かいことをいちいち気にしたりしているようでは、どんどん取り残されてしまいます。

　これまでの型にこだわるビジネスマナーに縛られるのではなく、新しいビジネスマナー、つまり、相手を不快にさせない気持ちを持って、スマートにビジネスを行うことを大事にしていきましょう。

　将来、オンラインミーティングのアプリが進化して、席次を自由に動かせるようになったら、改めて「オンライン席次問題」が取り上げられるかもしれません。しかし、現在はそうした機能がないのですから、考えるだけ時間のムダです。

　オンラインミーティングで自分の顔が上司よりも上にあったり、部下の顔が自分より上にあったりしても、お互いに気にしないことです。

P O I N T

　自由に位置を動かせない以上、画面の表示順は気にしない。それで会議が滞るほうが大問題。

6
オンラインならではの「人を惹きつける」話し方

((・ 会社で話すときとは、トーンや速度を変える

　オフィスで勤務しているときと同じように話しているのに、オンラインミーティングではうまく伝わらない。そんな思いをしたことはありませんか。

　オンラインミーティング時は、次の3つのポイントをおさえることで、わかりやすく、感じよく話すことができます。

オンラインミーティングで話すときの3つのポイント

1. 声のトーンは低めに
2. 話す速度はゆっくり
3. 口をしっかりと動かす

---

1. 声のトーンは低めに

　よく「電話応対では声のトーンを普段よりも高めに」と言われますが、オンラインミーティングは逆です。あえて普段より低めの声を意識しましょう。

　表情や態度といった「視覚からの印象」は、オンラインでも明るいほうが向いています。しかし、声や言葉といった「聴覚からの印象」は、低音による落ち着きを目指したほうが、安心感と信頼感を与えます。また高音よりも低音のほうが耳に障らず聞き取りやすくなります。

2. 話す速度はゆっくり

　オンラインミーティングは、ネット環境によって、たびたびフリーズしたり、声が聞き取りづらくなったりすることがあります。

「ブツッ」とか「ピー」などとわかりやすく回線が途切れてくれればよいのですが、往々にして、気づかないうちに途切れていたり、フリーズしていたりするため、どこまで参加者に伝わったかが話している当人にはわかりません。

　早口で話していると、ただでさえ聞き取りにくいうえに、ちょっと不具合が起きただけで話が進みすぎてしまい、理解できなくなってしまいます。

　意識して話す速度をゆっくりにすることで、聞き取りやすくなり、一時的に聞こえなくなっても、話はそれほど進まないため、どの参加者もついていくことができます。

3. 口をしっかりと動かす

　口をしっかりと動かすと、自然とゆっくりした話し方になります。また、口が大きく開くため、声がこもりづらくなる効果もあります。

　声質がこもりぎみだと、マイクは音をうまく集められません。相手のスピーカーの音質が悪ければ、なおさら聞き取りづらくなるでしょう。

　口を上下左右に大きく動かせば、自然とクリアな発声になります。そうすることで、あなたのメッセージが、ほかの参加者に伝わりやすくなるのです。

　この3つを意識することで、オンラインミーティングに限

らず、聞き取りやすい話し方ができるようになります。

　声が明瞭になるので、耳に入ってきやすくなり、話を聴いているともっともっと聴きたくなってしまいます。

　聞き取りやすさを意識して話すことで、人を惹きつけるのです。

発言内容が決まっているときは 「原稿」を準備しておく

(((オンラインミーティングと準備原稿は好相性

　すでに話す内容が決まっているのなら、あらかじめ「原稿」を準備しておくといいでしょう。オンラインミーティング中に原稿を読みながら話していても、カメラの向きを手元が映らないように調整すれば、まずほかの参加者には気づかれません。

　話の流れや絶対に伝えるべきことを、簡条書きでもいいのでまとめておくと、「話すことがいつでも確認できる」との安心感から、緊張せず落ち着いてスムーズに話せます。

　準備原稿を活用したコミュニケーションは、一般企業の電話応対などでもよく行われます。

　電話は声しか情報がない分、相手も集中して聴いているため、「原稿を読んでいるな」と気づかれがちです。

　一方、オンラインミーティングは、映像がある場合、声だけでなく上半身を見ることができます。情報量が電話より多いため、原稿を読んでいても、そこまでわざとらしくなりません。

　緊張のあまり、大事なことを伝え忘れないようにするためにも、準備原稿は有効です。

第5章

P O I N T

　話すことが決まっているときは、原稿を準備すると安心。話がまとまり、心理的にも余裕ができる。

8 発言時は「大きなジェスチャー」を取り入れる

言葉だけでは伝わりづらいのがオンライン

そもそもオンラインミーティングでは、対面よりも情報量が限られます。普段と同じ話し方だと、相手の気持ちに訴えかける力が弱いのです。

オンラインに適した話し方に変える必要があります。

たとえば、リアル会議の席で「大きなジェスチャー」は、常に有効とは限りません。手足を思い切り動かしていると、相手のパーソナルスペース（他人に入られると不快な空間）に踏み込んでしまい、威圧感を与えることもあるからです。

しかし、オンラインミーティングで手足を大きく動かしても、パーソナルスペースを侵害することはありません。

むしろ、大げさなくらい動かなければ、ほかの参加者に届きません。積極的にジェスチャーを取り入れましょう。

ジェスチャーによって、メッセージを補強

ジェスチャーによって、あなたのメッセージが補強され、相手の心に届くようになります。私自身、オンラインミーティング時には、大きなジェスチャーをするよう意識しています。それにより、商談もセミナーも成功しています。

オーバーなジェスチャーは、大げさすぎで不快に感じる方もいらっしゃるでしょう。しかし、そうすることで、良くも悪くも相手の記憶に残るわけです。

・自分が発言するときに使えるジェスチャーの例

◆「いかがでしょうか？」と相手の反応を知りたいとき

男性はカメラを見ながら、
首を前に出す。

女性は首を15度ほど
傾ける。

◆「ここです！」などと強調したいとき

上体を5度ほど前傾させて、
人差し指を立てる。
（悪い意味で使われる国も
あるため、参加者によっては
使用を控える）

それはあなたが伝えたいことが伝わった証拠。記憶にも残らない、何を話していたのかも忘れ去られるよりは、ビジネスですから覚えてもらうことのほうが大切だと考えます。

　実際、私を含む弊社、そして弊社クライアントも、オーバーリアクションをしたときのほうが、商談もうまくいき、ビジネスとして成功する確率は高くなっています。

　オーバーリアクションをすると次につながる可能性が高くなります。この人といると楽しい、リアルでも会ってみたいと思っていただけるからです。

　笑顔でオーバーリアクションは、『良縁』と『福を呼び込む』と感じます。

ほかの参加者を邪魔しない「発言」のタイミング

((•⋅ タイミングをつかめば、発言の機会も増える！

　リアル会議と同様に、オンラインミーティングにも「発言時のマナー」があります。

　１対１での会話や、複数参加でも進行役が不在のミーティングでは、「相手の発言を遮（さえぎ）らない」ことを心がけましょう。話が長いと感じても、途中で言いたいことがあっても、一区切りするまで待ってから話すのが大人のマナーです。

　進行役がいるミーティングでは、「発言前に挙手をする」のがマナーです。いきなり話し出すのではなく、「よろしいでしょうか」などと声をかけ、進行役（ホスト）の許可をもらってから話し始めます。

　映像を非表示にしているときは、表示状態にしてから手を挙げます。ミーティングアプリによっては、挙手の絵文字が表示できたり、「手を挙げる」とメッセージを表示できたりするものもあります。このようなミーティングアプリでは、映像を非表示にしたままでも挙手・発言ができます。

　映像だけでなく音声もミュートにしているときは、発言前に解除することを忘れずに。

第5章

P O I N T

> １対１では、相手の話が終わってから。進行役（ホスト）がいる会議では、挙手をして進行役に許可をされたら話す。

10
発言時の「目線」で
聴き手の印象を変えられる

((ŀ 「カメラの5〜10センチ下」がベストの目線

「オンラインミーティングでは、どこを見て話をすればいいのかわからない」

そう悩む人がとても多いようです。あなたも目線をどこに向ければ落ち着くか、悩んだことはありませんか？

カメラ位置を目線と同じに高さにしている場合、カメラよりも5〜10センチほど下を見ると、聴き手は「自分を見て話をしてくれている」と感じてくれます。

自分が発言するときは、カメラのやや下を見ていればいいでしょう。

特に強調して伝えたいときは、あえてまっすぐカメラを見つめます。

そうすることで説得力が増し、相手もより集中してくれます。

((ŀ 気にしすぎて、発言が疎かにならないように

目線を気にしながらの発言は、慣れるまでは難しいものです。

あらかじめ原稿を準備しているときは、なおさら正面を向きづらくなります。

目線を気にしすぎて、うまく話すことができなかったら、本末転倒です。何のために目線を意識したのか、わからなくなってしまいます。決して無理はしないでください。

ただし、プロフェッショナルなオンラインミーティングを目指すことも自己研鑽の一つとなります。

　あなたが中心となるミーティングや、重要なプレゼンテーションでは、目線を意識してみるといいでしょう。

　日頃から練習しておくことで、必要な機会に活用できるようにしておくとよいでしょう。

POINT

カメラの5〜10センチほど下を見ると、「自分に向かって話している」と相手に感じてもらえる。

ほかの人の発言を聴くときも 「目線」が重要

((·「カメラの5～10センチ下」を見るのがベスト

　ミーティングによっては、カメラ映像をミュートにして進行することもあります。この場合は顔が映っていませんから、ほかの参加者の発言を聴いている間も、表情や態度を意識する必要はありません。

　一方、カメラ映像を表示するミーティングでは、「聴き方」がとても大切になります。ほかの参加者が安心して話せるよう、感じのよい聴き方をすることもマナーの一つです。

　聴き方では表情や態度とともに、「目線」も重要です。ほかの人が発言しているときは、カメラの5～10センチほど下を見るといいでしょう。

　発言者が「自分を見てくれている」と感じられる映像になります。

　聴く側の目線が自分に向いていると、それだけで発言者は安心できます。「自分の話を聴いてくれている」「自分に集中してくれている」と感じられるからです。発言するときも聴くときも、人は目線を気にしているのです。

((·目線がその場に適していないと印象が悪くなる

　視線をキーボードに落としていたり、横に向けていたりすると、発言者を不安にさせます。

「自分の話がつまらないから、聴いてもらえない」と思われて

しまうわけですね。これらの行動は避けましょう。

「オンラインミーティング中、画面に映る自分を見る」ことも、自身の表情を確認するためには有効です。

　ほんの一瞬でもいいので、時々、自分の顔を見てみましょう。

　感じのよい表情でなければ、感じのよい表情にしましょう。人は真剣になっていると知らぬ間に表情が怖くなっているものですが、真剣かつ柔和な表情がオンラインミーティングでは特に必要なのです。

　なお、発言者に自分のことをずっと見られていると意識しすぎてしまい、拒否反応を起こす人もいます。監視されているような感覚を覚えるようです。

　このような誤解を避けるためにも、時折、自身の顔に目線を置き、柔和な表情を心がけましょう。また、次項で紹介する「うなずき」も活用してください。

POINT

カメラを見つめると、発言者を見ているような映像になる。威圧感を与えすぎないように時折目線をそらして柔和な表情に。

12

傾聴時は大きくゆっくりとした「うなずき」を

((••• うなずきで無言でも「ちゃんと聴いていますよ」が伝わる

話を聴くときも挨拶と同じく、「3つのこ」（90ページ）が重要です。「言葉」「行動」「心」です。

オンラインミーティングで話を聴いているとき、この3つを伝えやすいのが「うなずき」です。

人は、自分の話を聴いている人がうなずいてくれるだけで、気持ちが落ち着きます。そして、話しやすくなります。

その結果、有意義なオンラインミーティングとなり、聴き手であるあなたの印象も評価も高まります。

うなずきはジェスチャーの一種。オーバーなくらいが、オンラインミーティングには適しているのです。

動きが大きければ、回数は1回でも充分。限界までゆっくりと首を下に振り、こうすることで説得力が感じられます。

人によっては連続で細かくうなずきますが、首の振り幅が小さくなりますし、どこかせわしない印象を与えます。特に海外の人には、おかしな動作に受け取られるようです。

複数回うなずくときも、大きくゆっくり動いたほうが、説得力と安定感を与えられます。

((••• 発言者に感情を伝える

うなずき以外にも、「話を聴いていますよ」ということを伝えるジェスチャーがあります。

特に効果が高いのが、次の3つです。

・発言を聴くときに使えるジェスチャー

「それはいいですね！」
「そうですね！」
両手を合わせる

「それはいいアイデアですね！」
音を立てずに拍手をする

「ごもっともです」
首を前傾させる

第5章

　いずれも発言者の邪魔をすることなく、自分の気持ちを伝えられます。発言者もより話しやすくなるので、活用してみてください。

P O I N T

適度にうなずきを入れることで、発言者の気持ちも楽になる。
何度もするより、1回をゆっくりと。

発言しないときは音声を「ミュート」に

((・ 大勢が参加する会議では、音声は基本的にミュート

　アプリによってはオンラインミーティング中、発言者だけが大きく表示される仕組みのものもあります。別の人が発言を始めると、今度はその人が大きく映るといった具合です。

　このような機能を持ったアプリだと、家族の声やペットの鳴き声、インターフォンの音などがきっかけで、意図せず画面が切り替わることがあります。画面が切り替わらなかったとしても、仕事と無関係な音が聞こえるのは、発言者にもほかの参加者にも迷惑です。

　こうした事態を避けるため、大勢の人が参加しているオンラインミーティングでは、自身が発言するとき以外は、音声を「ミュート」にします。

　ミュート機能を使えば、どれだけ大きな音を立てても、ほかの参加者には聞こえません。

　大勢が参加していて発言の機会が限られるオンラインミーティングでは、マイクは基本的にミュートにしておくと安心です。

　発言者を邪魔しないで済みますし、あなたの部屋の生活音を聞かれることもなくなります。

　特に子育て中の人や、鳴き声が騒がしいペットと暮らしている人は、ミュート機能を活用しましょう。心理的に楽になります。

　ミュート機能を使うときの注意点は、自分が発言するときには解除を忘れないこと。解除しないまま発言をしても、ほかの参加者に内容が伝わらないうえに、あなたの口パクの映像が流されるだけとなってしまいます。

　ミュートの解除は必ずチェックしましょう。解除を忘れてしまったときは、次の流れで、お詫びや確認をしてください。

> ・「失礼いたしました。
> ↑ 全員に対するお詫び
>
> ・××さん、ご指摘ありがとうございます。
> ↑ ミスを気づかせてくれたことへの御礼。
>   自分で気づいた場合は不要。
>
> ・皆さん、聞こえておりますでしょうか？
> ↑ ミュート機能が解除されているかの確認。
>
> ・それでは、はじめからお伝えいたします。」
> ↑ 最初から話すことを伝える。

　ミスをしてしまったことを、「恥ずかしい」「格好悪い」などと、落ち込む必要はありません。正確に言い直すことこそが、ほかの参加者への配慮です。

　発言を再開するときは、最初から話し直すこと。ミュート機能をオンにするまでの発言は、ほかの参加者に届いていなかったのですから、もう一度言い直して、全員が共通に理解できるようにしましょう。

(((• ほかの人の無音状態を、角を立てずに指摘するコツ

　ほかの参加者がミュート状態のまま発言をしていることに気づいたら、あなたのミュート機能を一時的に解除して、次のように指摘してあげるといいでしょう。

「〇〇さん、失礼します。申し訳ございません。マイクがミュートになっているようですので、解除願えますか？」

　大勢の前でミスを指摘されるのは、誰しも恥ずかしいもの。その後の発言が消極的になってしまう人もいます。

　精神的負担をかけないために、「申し訳ございません」といったクッション言葉や、「解除願えますか？」のような依頼形で解除をお願いしましょう。

　お互いが気持ちよく接するには、相手を思いやり、恥をかかせないことが何より大切です。

　発言するときも柔和な表情で、相手に負担をかけないようにしましょう。

　発言者が会話に集中していると、なかなか気づかないこともあるので、カメラに向かって手を振るなどのジェスチャーも忘れずに。挙手マークを画面に表示できる場合は、それを活用してもいいでしょう。

POINT

大勢が参加する会議では、発言するとき以外はミュートが基本。発言時は解除を忘れずに。

14 「映像」も必要ないときは非表示にしてもいい

((•「常に顔を出すのがマナー」は明らかな間違い

　多くのミーティングアプリは音声だけでなく、「映像」も表示と非表示が選べます。あなたの表情をほかの参加者にまったく見えないようにもできます。

　カメラ映像の代わりに、画像やメッセージを表示できるミーティングアプリもあります。音声は流したままで、映像だけを非表示にすることもできます。

　「オンライン会議で顔を出さないのは失礼！　音声はともかく、映像は表示すべきだ！」

　このように考える方は、決して少なくありません。画像を見えなくすることで、「サボっているのではないか」「隠したいことがあるのではないか」と思うのかもしれません。

　しかし、画像を非表示にする理由は多種多様です。子どもやペットが歩き回るため相手を不快にさせてしまうといった理由や、パソコンやカメラの調子が悪くて、画面が映らないため仕方なくといった理由の場合もあるでしょう。

　映像を出さないからといって、必ずしもマナー違反というわけではありません。

　テレワークでは、お互いの諸事情を察し、互いに柔軟な優しい気持ちで行いましょう。

　弊社のクライアント企業にも、オンラインミーティング開始直後に全員顔を出して挨拶をした後は「発言者以外は映像も音声もミュート」という流れで会議をしているところが多々あります。特に大企業のオンラインミーティングでは、このようなスタイルを多く見かけます。

　オンラインミーティングのルールは、それに参加する皆さんで決めればいいことです。それがマナー本来の考え方です。「顔は出すほうがいい」という声が多ければ表示し、少なければ非表示を認めればいいだけです。

　ただし、チーム内の近況報告を兼ねた集まりや、オンラインの懇親会や歓迎会などは、少し考え方が違ってきます。

　親睦を深めるには、顔を映して語り合うことが重要です。明確な理由がない限り、顔を映すように心がけましょう。

　自分の気分で非表示を勝手に行うのは、社会人のマナー以前の問題として、マイナスな評価をされかねません。周囲に合わせるのもマナーです。

　体調がすぐれないなど、顔を出せない理由がある場合は、事前にホストに伝え、ホストから参加者に「本日、○○さんは映像をミュートにしての参加となります」と伝えてもらいましょう。

　このとき、ホストはミュートの理由を伝える必要はありません。それが、大人としての配慮あるマナーです。

P O I N T

映像は特別な理由がない限りはオンにしておく。参加者同士で映像の表示・非表示について事前に決めておくと安心。

速やかな「退室」が会議の価値を上げる

((・会議室が閉じないときは、立場が上の者から退室

「会議終了後、どのタイミングで退室すれば、失礼にならないか?」というご相談もよくいただきます。

　ホストが会議室を閉じた時点で強制的に全員退室となるのですが、ホストによっては、会議終了後もなかなか会議室を閉じないこともあるでしょう。

　基本的にはオンラインミーティングの退室は、「立場が上の者から」と覚えておきましょう。

　社外の方との会議であれば、まずは取引先に退室していただき、続いて自社で立場が上の役職順に退室してもらいます。社内会議も同様に、役職の高い順に退室となります。

　あなたがいちばん上の立場である場合は、最後の挨拶を終えたら、速やかに退室しましょう。あなたが先に退室することで、ほかの参加者が退室しやすくなります。

　ホストと話があり残る場合は、「○○さんに話があるから、皆さん、お先にどうぞ」と、ほかの方に退室を促してください。

　用事があって先に退室したいときは、事前に「○時にお客様に電話を入れなければならないので途中で失礼いたします」などと情報を共有しておくとよいでしょう。

P O I N T

遠慮や我慢などせずに、伝えたいことをマナーある言い方で伝えれば、何も問題にはならない。

第
5
章

第6章

オンラインミーティングで「ホスト」を任されたときのマナー

1

ホストはオンラインミーティングの「ファシリテーター」

((•• 一般参加者と比べたら、責任も役割も多くなる！

　ときには一参加者としてではなく、「ホスト」としてオンラインミーティングに関わることもあるでしょう。

　ホストは会議のファシリテーターです。ファシリテーターこそ、相手の立場に立つというマナーあるコミュニケーションは必須です。

　担当になったときのために、ホストとしての役割、マナーは知っておきたいものです。

　ホストの役割は多岐にわたるうえ、責任もきわめて重大です。

　たとえば、ホストが「招待メール」を送り忘れたら、会議が予定どおりに開催できなくなります。当日もホストが予定時間に会議室を開かなければ、全参加者に迷惑をかけることになります。

　ホストの役割は、おおまかには次のようなものがあります。

ホストのおおまかな役割

・参加予定者への「アポイントメント」の依頼
・戻ってきた意見を元に「開催日時」を確定・通知
・「参加者リスト」や「会議資料」を準備
・会議室のURLやID入りの「招待メール」を送信
・会議当日、会議室をオープン
・会議中の進行役を務める

ホスト役がいかに立ち回るかで、ミーティングの成否が決まるとも言えます。

　ミーティングの内容によっても変わりますが、ひととおりおさえておきましょう。

(((・ 1人で抱えず「共同ホスト」「連絡係」を頼む

　ホストの役割は多種多様で、どれも重要です。

　病気や緊急事態で対応できなくなることもあり得るため、あなた1人で抱え込まず、信頼のおける参加者に「共同ホスト」(場合に応じて「連絡係」)をお願いすることをオススメします。

　あなたがインターネットにアクセスできないときなどに、代わって参加者に事情を説明したり、会議室をオープンしたりといったこともお願いできます。

　メインホストはあなたですが、その補佐役となってもらうのです。

　共同ホストが決まったら、招待メールなどで、「当日は、佐藤がホストの補佐役(アシスタント)を務めます」と伝えると丁寧です。

　ただし、必ずしも事前に伝えなければいけないわけではありません。

　共同ホストが決まるのが当日ギリギリになることもあります。その場合は、ミーティングがスタートするときに、ホストの自己紹介とともに伝えましょう。

P O I N T

ホストの役割は多種多様。責任も重い。トラブルに対応できるように、協力者(共同ホスト)を探しておく。

2

「アポイントメントの依頼」は
メールで

「アポイントメントの依頼」はミーティングの第一歩

　多くの場合、ホストの最初の役割は、参加予定者への「アポイントメント」の依頼です。

　ホストは、会議日時を決めるため、全参加者の都合を確認しなくてはなりません。

　依頼は電話で行うこともありますが、オススメはやはり「メール」です。全員に一斉送信できますし、文章が残るので「言った・言わない」のトラブルを回避できます。

　アポイントメントの依頼メールの書き方は、社外会議の場合は 66 〜 67 ページの例文を、社内会議の場合は 70 ページの例文を参考にしてください。

　全員の予定、使用するミーティングアプリがわかり、それに基づいて会議の日時が確定したら、メールで日時確定の通知をします。

　開催日時が変更になったり、追加の参加者が出たりした場合も、ホストが窓口となって連絡を受け、全参加者、もしくは相手側の連絡係の人に伝えるようにします。

（(・「アポイントメント」の依頼時に行うべき2つのこと

　スムーズにオンラインミーティングを行うために、「アポイントメント」の依頼をする際は、ホストとして、次の2つのことを行ってください。

> アポイントメントの依頼時に行うべき2つのこと
> ....
>
> 1. ミーティングアプリを伝える
> 2. オンライン名刺交換を行う

1. 当日使用するミーティングアプリを伝える

　自社で日常的に使っているミーティングアプリを、取引先の方が使えるとは限りません。事前に確認を入れることで、使用アプリの変更も検討できます。使い慣れているアプリを選べれば、先方もストレスを抱えずに会議に臨めます。

　過去にオンラインミーティングを行ったことがある取引先であっても、次のようにアプリに関する一文を入れておきましょう。

「今回も前回同様、Zoom を使用して、お打ち合わせを行えればと考えております。」

　この一文があるだけで、お互いに確認でき、安心です。

2. 面識がない人には先手でオンライン名刺を送る

　リアルで面識がない人には、ホストのあなたからオンラインで名刺を送りましょう。

　オンラインミーティングの自己紹介で、自ら肩書きを名乗る

人はほとんどいないのが現実です。

　そうなると、ミーティング中、どのように対応すればよいか、ホストとしてはもちろん、参加者も戸惑ってしまいます。

　スムーズな進行ができない可能性もあります。

　ホストとしてミーティングをスムーズに進めるには、参加者全員のことを知っておきたいものです。

　まずはホストから、肩書を含めて名乗り、オンライン名刺をお送りしましょう。

　ただし、あなたが名刺を送っただけでは、先方が自身の名刺を送ってくれるとは限りません。

「お手数かとは存じますが、○○様のお名刺を事前に頂戴できますと有難く存じます」

　など、ひと言添えて相手からも情報いただきたい旨を伝えましょう。

　事前にオンライン上で名刺交換をしておくことで、参加者名簿を作成、共有できるために参加者も安心して参加できますし、当日も、お互いに初めて会った気にならず、スムーズなミーティングが可能になります。

POINT

アポイントメントの依頼はメールで行う。社外の人には使用するアプリを伝え、オンライン上で名刺交換も行う。

3

「参加者名簿」を
作成して共有する

((• 名簿を作っておくことで、不測の事態にも対応できる

　会議をスムーズに運営するうえで、あると便利なのが「参加者名簿」です。

　名簿があると、連絡漏れも起きにくく、また出欠確認等にも使うことができます。

　ホストは、備忘録の意味合いも含め、参加者が確定した段階で、「参加者名簿」を作成しておきましょう。

　ミーティングアプリによっては自動で参加者名簿を作成できます。

　125ページに参加者名簿の作成にあたっての注意点とひな形を紹介していますので、参考にしてください。

「参加者名簿」は、ホストだけでなく、全参加者に共有しておくと親切です。

　どのような人が出席するのかが事前にわかっていれば、参加者も安心できますし、肩書きも確認できるので、ミーティングの場でのコミュニケーションが取りやすくなります。

　さらに、資料などの準備にも役立ちます。

　名簿は、添付ファイルで送ってもいいですし、参加者が少人数であればメールの文面に含めてもいいでしょう。

第
6
章

(((•「会議資料」も早めに作成し、会議前に送る

　オンラインミーティング時に使用する「会議資料」も、ホスト役が準備・管理しなければいけないこともあります。

　事前に配布しておくだけでよい資料なのか、ミーティング中に画面で共有して一緒に見るべき資料なのかの確認も必要になります。

　早めに準備しておいたほうが、トラブルを避けられます。

　なお、当日使用する予定の資料であっても、事前に、参加者全員に送っておきましょう。会議前に目を通すことができますし、会議中も手元に置いておけます。

　さらに、アプリの機能トラブルが起きても、お互いが資料を共有できていれば、ミーティングを進めることも可能です。

　どうしても資料の作成が間に合わず、事前に送ることができなかった場合は、会議終了後に全員にお渡しするようにしましょう。

POINT

「参加者名簿」と「会議資料」は余裕を持って作成し、事前に参加者全員で共有を。

オンラインミーティング参加者名簿

◆日時　2020年10月12日（月）
　午前10時〜11時予定　← 日時を書く

◆ＡＢＣ会社　← 先方の会社名から先に書く
　1. 大阪本店営業部 部長 山田太郎 様　← 役職の高い順に書く
　2.　　　　　　係長 須藤京子 様
　3.　　　　　　　　中田二郎 様

◆ＤＥＦ会社
　1. 本店研修事業部 部長 佐藤三郎
　2.　　　　　　主任 池田クミ(ホスト)　← ホストを示す
　3.　　　　　　斎藤拓也(アシスタント)　← 補佐する立場
　　　　　　　　　　　　　　　　　　　であることを
　　　　　　　　　　　　　　　　　　　伝える

以上、よろしくお願いいたします。

　　　　　　　　　　　作成：ＤＥＦ会社　池田

4 「招待メール」は2回送るのが ベスト

((((• ミーティング参加者には招待状が必要

　ホストはオンラインミーティング当日までに、全参加者に「招待メール」を送る必要があります。

　73〜74ページの「招待メール」の例文を参考にしてください。

　ミーティングアプリによって違いはありますが、招待メール（招待状）には入室先のURLやパスワードなど、オンラインミーティングに参加するうえで必要な情報が記載されています。

　招待メールが正しく届いていない参加者は、会議に参加できなくなってしまうため、ホストはこうした事態が起きないように、注意しなくてはいけません。

　招待メールを送るタイミングは次ページの3パターンが考えられますが、マナーコミュニケーションとしてもっとも丁寧なのは、「3．上記1と2の両方とも送る」です。

　2回送ることで、参加者も安心してミーティングに備えることができます。

　なお、決定からミーティングまでの期間が3日以内と短い場合は、2回送る必要はありません。

((((• 自動で作成される文面に「ひと言」を添えて

　多くのミーティングアプリは、会議日時を設定すると、自動で招待メールの文面ができあがる仕組みになっています。

「招待メール」の送信タイミング

1. 開催日時が決定したとき、そのことを参加者に伝えるメールに、招待情報を貼り付ける

メリット　招待情報さえ送信しておけば、その後の伝達ミスを考えなくていい。

デメリット　会議当日までに時間があると、招待情報の書かれたメールが埋没しやすい。参加者が当日慌ててホストに再送を求めることも。

2. オンラインミーティングの前日か当日に、招待メールを送信する

メリット　会議直前に届くため、参加者が招待メールを埋没させて見失う危険が少ない。

デメリット　会議直前まで届かないため、参加者が不安になりやすい。ホストも会議直前に慌てて送信することで、メールの文面が素っ気なくなる危険がある。

3. 上記1と2の両方とも送る

メリット　事前にアクセスに必要な情報が手に入るうえ、会議当日にメールを見つけやすい。参加者もホストも安心。

デメリット　ホストの作業がやや増える。

自動作成される招待メールのタイトルは具体的に変更を

ミーティングアプリが「Zoom」、HIROKO MANNER Group さんが「ホスト」の場合

◎自動作成文

HIROKO MANNER Group さんがあなたを予約された Zoom ミーティングに招待しています。

トピック：HIROKO MANNER Group のパーソナルミーティングルーム

　　　　　⬇ トピックを具体的な内容に書き換える

トピック：ABC 会社様と研修内容についてのお打ち合わせ

とても便利な機能ですが、こうした文面はほとんどの場合、必要最小限の情報だけの素っ気ないものです。

自動で作成される招待メールにすべてを委ねるよりは、あなた自身の言葉でメッセージを書き加えたり、メールのタイトルを具体的な内容にしたりすると一目置かれます。

短くても心のこもったひと言を添えるだけでも、受け手の心に響くメールになります。

タイトルを書き換える場合は、受信者の立場になって、わかりやすい内容を心がけるとよいでしょう（127ページ参照）。

それだけで商談がスムーズに進んだり、職場の人間関係がよくなったりします。長い目で見れば、手間暇をはるかに超えた価値を生み出します。

((• 電話以外の「遅刻・欠席時の連絡手段」も明記

招待メールには、「遅刻・欠席時の連絡手段」を明記すると親切です。

やむを得ない事情で開始時間に間に合わない場合も、参加者が慌てずに済みます。あなたも決められた連絡手段をチェックすることで、状況が把握できるようになります。

連絡手段はメールやSNSで。電話は避けましょう。

ホストはミーティングの開始直前は事前準備で慌ただしいので、その都度対応しなければいけない電話は大変です。文章メインのメールかSNSにすると、準備の合間にチェックできるので、確認に手間がかからずに済みます。

> **P O I N T**
>
> 当日までに日にちが空くときは招待メールを二度送るのが理想。自動作成される文面だけでなく、メッセージを添えて。

5

当日は「誰よりも早く」
入室して準備をスタート

((・ ホスト不在では、会議は始まらない！

　オンラインミーティングの特徴の一つに、ホストが会議を立ち上げなければ、開催そのものができないことがあります。ホストはそれだけ、大変責任のある立場だということです。

　ミーティング当日も、事前準備が必要です。

　ミーティング開始の30分ほど前には、準備に入りましょう。「面倒くさい」と思うかもしれませんが、リアルな会議やセミナーでも、主催者側は早めに会場入りし、机を並べ替えたり、資料を配布したりと、本番が滞りなく進むよう準備をします。それと同じです。

((・ 機材トラブルにも対応できるように、早めに立ち上げる

　オンラインミーティングでは、「機材トラブル」は致命傷です。

　インターネットの接続ができない、パソコンやスマホが立ち上がらない、画面が映らない、資料が映らない、相手の音声が聞こえない、自分の音声が参加者に届かない……。

　こうしたトラブルによってミーティングが中止にならないよう、ホストは30分前には環境整備に入り、アプリの立ち上げ、状況確認をする必要があります。

　早めに準備をしていれば、いざトラブルが見つかっても、解消するための時間が確保できます。

　当日の事前準備も、しっかりスケジューリングしておきましょう。

第
6
章

　オンラインミーティングを始める前に、ホストは、次ページの項目について必ず確認を行いましょう。

　慣れてないと時間がかかる可能性もあります。初めてホストをするときは、何が起きるかわかりませんし、手間取ることもありえますので、ミーティング開始時間の 1 時間ほど前から準備に入ると安心でしょう。

　慣れてくると、ミーティング開始時間の 20 〜 30 分前からの準備で対応できるようになってきます。

　目標は、次ページのチェックをミーティング開始時間の 15 分前までに終え、参加者を迎え入れる態勢を整えること。

　共同ホストがいれば、回線をつなげて、ミーティング本番に近い形で確認もできますね。

　オンラインミーティングを録画（録音）する予定があるときは、会議前にその機能についても確認しておきます。

　会議内容を簡単に保存できるのは、オンラインミーティングならではの強みです。

　議事録作成もスムーズに進みますし、「言った・言わない」のトラブルも回避しやすくなります。

　ただし、会議の内容によっては、録画・録音に適さないものもあります。

　ミーティングを録画・録音するときは、必ず事前に参加者に伝え、同意を得ましょう。

POINT

　「自分がいなければ会議ができない」との意識を。早めに準備を開始し、機材のチェックなどを念入りに。

チェック欄	チェック項目
	インターネットに遅延なく接続できるか
	カメラの位置や映り具合は問題ないか
	音声は問題ないか
	事前に届いた資料類がすぐに開けるか
	共有機能（画面共有・チャット等）は問題ないか
	会議映像・音声を録画・録音できるか

第6章

6

「会議室を開くタイミング」で印象が変わる

((‹• 会議室をオープンする3つのタイミング

　オンラインミーティング当日、「会議室」をオープンすることは、ホストのもっとも重要な役割です。予定時間にオープンできれば、その役割を充分果たしています。

　セッティングに慣れたら、社内の親しい人しか参加しない会議では、予定時間の数分前に開けば充分です。

　ただし、参加人数が多かったり、社内でも幹部クラスの人たちが出席したり、取引先の方々も参加したりするような会議は早めに開いたほうがよいでしょう。オンラインミーティングのオープンを「自己演出」に使うこともできるからです。

　会議室をオープンするタイミングによって、受け手があなたに抱く印象は大きく変わるからです。

　次ページに「会議室を開くタイミングと与える印象」を一覧にまとめました。

　あなたがセミナー講師など、有料のオンラインミーティングを開くような立場なら、参考にしてみてください。

P O I N T

どのタイミングで会議室を開くかで、参加者の印象も変わる。
どのような人が参加するかも考慮。

（参考）会議室を開くタイミングと与える印象

1．予定時間ピッタリにオープン

メリット　「きっちりした人」との印象を与える。皆が同時に入室することになるため、開始時間ギリギリに準備を終えても臆せず入室できる（オンラインセミナーで有効）。

デメリット　「ビジネスライクな人」との印象を与える。時間になるまで入室できないため、参加者が不安になる（特に社外会議には向いていない）。

ポイント　参加者を不安にさせないために、招待メールに「お時間ちょうどにオープンいたします」など、アナウンスをしておき、会議がスタートしたら、「ギリギリのオープンでご不安だったかもしれません。失礼いたしました」とひと言を添える。

2．予定時間の10〜15分前にオープン。早めに入室した参加者と会話をしながら、予定時間になるのを待つ

メリット　早く来た参加者を退屈させずに済むうえ、コミュニケーションが深められる。相手の近況を確認できて、場も暖まる。

デメリット　開始時間直前に入室した人が、すでに会話が始まっていることに、「遅刻した？」と慌てたり、疎外感を抱く可能性あり。

ポイント　直前に入室してきた参加者を不安にさせないために、「今、○○の話をしていたんですよ」と、会話の内容を説明する。会話に加わりやすくなるだけでなく、疎外感も抱かずに済む。

3．予定時間の10〜15分前にオープンにするが、ビデオと音声はミュート。時間になったらミュートを解除

メリット　参加者が時間前に入室して、接続環境などを確認できる。開始時間まで不安なく待てる。

デメリット　ビデオと音声をミュートにしているので、事前のコミュニケーションは取れない。

ポイント　自分の顔を出さない代わりに、「お時間までお待ちください」などのメッセージを表示したり、心地よいBGMを流すことで、早めに入室した参加者を安心させられる。

「進行役」として発言しやすい雰囲気を作る

((・ 自分の自己紹介をしてから、ほかの参加者を促す

　オンラインミーティングは、基本的にホストが進行役を務めます。最初に自己紹介するのもホストです。

　先ほどもお話ししましたが、自己紹介には「目下の者から」というルールがあります。

　ホスト側が目下になるので、ホストに続いて自社側から挨拶し、次に目上である取引先が挨拶をします。

　同じ社内では、役職の高い順に挨拶をしていきます。

オンラインミーティングの自己紹介の流れ

1．ホストの挨拶と自己紹介
2．自社側の自己紹介（役職の高い人から）
3．取引先側の自己紹介（役職の高い人から）

((・ ミーティング開始直後の「自己紹介」の進め方

　一般の参加者は、自分の順番が回ってきたとき、挨拶をすれば充分です。

　しかし、ホストは最初に自身が自己紹介をするだけでなく、ほかの参加者の自己紹介も促すという仕事もあります。

　次ページのような流れで、進めていくといいでしょう。

オンラインミーティング時の自己紹介例

・オンラインミーティングが始まったら
「お時間になりましたので始めます。

皆様、おはようございます。

本日は、ご多用の中、○○会社（相手先）の皆様にお集まりいただきましたこと、心より感謝申し上げます。

誠にありがとうございます（一礼）。

　本日の進行役を務めます、●●会社、●●部の●●と申します。どうぞよろしくお願い申し上げます（一礼）。

　今回は、事前に参加者名簿と資料を送付いたしております。参加者は、名簿のとおりでございます。

　最初に、皆様よりひと言、自己紹介をお願いできればと存じます。

　まず、弊社参加者よりご挨拶させていただきます」

・自社側の自己紹介がすべて終わったら
　「それでは、○○会社の皆様、お願いいたします」

・相手側の自己紹介もすべて終わったら
　「××様（最後の人の名前）、ありがとうございます（一礼）。

以上が、本日のメンバーの皆様でございます。皆様、ありがとうございました。

　それでは早速、本題に入らせていただきます」

※一礼の仕方は頭を軽く下向きにする程度で OK です（91 ページ参照）。

　自己紹介は「役職の高い者から名乗り、役職の低い者で終わる」というルールがあります。

　そのため、ホストは、参加者全員の役職を把握しておくことが理想です。ゆえに、事前の「オンライン名刺交換」や「参加者名簿」の作成が重要なのです。

　また、同じくらいの役職の人がいると、「お先にどうぞ」「いえいえそちらから」といったやりとりが始まることがあります。譲り合いの精神からなのでしょうが、結果的には相手を待たせてしまうことになります。

　少なくとも自社の参加者間では、どの順番で挨拶をするのか、確かめておくといいでしょう。

　スムーズに自己紹介を回すために、進行役（ホスト）が、次に自己紹介をしてもらう人にその都度、お声がけをする方法もあります。

「続いて、○○さん、お願いします」

　1人の挨拶が終わったところで、このように次の人を紹介するわけです。順番に迷うことなく、スムーズに自己紹介が進みます。「参加者名簿」が完璧にできあがっていて、先方の顔ぶれや役職も把握できていたら、こちらのやり方でもいいでしょう。

P O I N T

最初の挨拶はホストから。ここでよい雰囲気を作って、参加者の自己紹介がスムーズに進む配慮も。

ミーティング後は
「会議室閉鎖」と「お見送り」

(((・ 会議室を閉じる＝強制的に全参加者が退室

　オンラインミーティング終了後、会議室を閉じるまでがホストの仕事です。

　会議室を閉じると、全参加者の映像・音声も途切れ、散会となります。

　オンラインミーティングでよく聞く悩みの一つが、「どのタイミングで退席すれば失礼にならないだろうか……」というものです。

　ホストが会議室を閉じることにより、参加者がこうした悩みを持たなくて済みます。

　見知ったメンバーが参加する社内会議は、終了と同時に会議室を閉じたほうが、すぐに自分の仕事に戻れてスマートです。

　一方、取引先も交えた社外会議や、社内会議でも役職の高い人が参加している場合は、ホストとしてお見送りをしたほうがより丁寧です。全員が退席するまでその場に残り、「ありがとうございました」「お疲れ様でした」といった具合に挨拶をするわけです。

　退室も基本的に、役職の高い人からとなります。社外会議なら取引先の退室を待ち、取引先全員が退室してから、自社の役職順に退室していきます。ホストであるあなたは、誰もいなくなってから退室しましょう。

第
6
章

（∙∙ マナーに「絶対」はない。最終的にはその場で判断

　ここまで、オンラインミーティングに関するマナーについてお話ししてきましたが、実際はケースバイケースです。

　ホストはファシリテーターとして、その時々で最善を尽くし、相手に不快な思いをさせないために行動できれば、それでよいのです。

「相手を気遣う心」を行動で表すことが大切であって、唯一絶対の型があるわけではありません。

　取引先を交えた会議でも、互いに気を遣いすぎて、参加者がなかなか退室しないこともあります。このようなときは、「それでは会議室を閉じさせていただきます」とひと言かけて会議室を閉じることで、参加者も気持ちよく退室できます。

　ときには、参加者が全員退室した後、共同ホストや連絡係と、互いの仕事をねぎらいつつ、反省会をすることもあるでしょう。また、参加者から「ちょっと確認したいのですけど……」と、オンラインミーティング後に相談を持ちかけられるケースも考えられます。

　いずれもそのときの参加者や状況に応じて、適した終わらせ方を選べばいいのです。

「ホストは常に全員をお見送りするべき！　会議室を閉じるのは失礼！」といった考えに縛られ、ただひたすら退室を待つのは、マナーの本質から外れています。

　状況を把握して、よりよい判断を下すのもホストの仕事なのです。

P O I N T

全員をお見送りするのがもっとも丁寧。ただし、状況によっては会議室を閉じてもいい。臨機応変に対応を。

テレワークマナーで知っておきたいQ&A 10

この章では、テレワークに関してよくいただくご質問、ご相談の中から、本文でお話しできなかったものをご紹介いたします。皆さんのお悩み解決にお役立てください。

第 7 章

急に体調が悪くなったら、どうすればいいですか？　勝手に休んでも許されますか？

A

テレワーク中に気分がすぐれず、仕事の継続が難しくなったときは、無理をせずに休みましょう。

職場で仕事をしているときに体調を崩したら、控室や医務室などで横になりますよね。テレワーク中も同じです。具合が悪くなったときは横になってひと休みしましょう。

しばらく横になることで、回復することはよくあります。

10分程度なら、上司への連絡は不要です。

もし、30分以上休んでも回復しないようなら、上司に連絡して事情を伝えましょう。

体調が落ち着き、業務に戻れるようになったら、改めて上司に連絡を入れ、「お騒がせして申し訳ありませんでした。体調は回復いたしましたので、これから仕事に入ります」と伝えます。

戻るのが難しいと判断したときには、再度、上司に連絡をして、その日は早退という形をとるのが安心です。

相手の姿が見えないからこそ、状況はきちんと報告しましょう。お互いに思いやる気持ちが大切です。

Q2 「おはようございます」の挨拶は何時までしてよいですか？　出勤しているときと同じで問題ありませんか？

A

テレワーク時の挨拶は、通常勤務とは時間帯を少しずらして考えるとよいでしょう。

　テレワーク時の「朝の挨拶」について迷っているというお話をよくうかがいます。出社の挨拶をすることがないため、違和感を覚えるようです。

　テレワークは通常勤務とは時間の感覚が異なります。

　一般的に通常勤務時は、「朝10時半までは『おはようございます』、それ以降は『お世話になっております』『お疲れ様です』」というのが基本ですが、テレワーク時は、「おはようございます」は11時くらいまで使っても問題ないでしょう。

　挨拶の中でも「お世話になっております」と「お疲れ様です」は、基本的にいつでも使えます。「おはようございます」への違和感が拭えないようなら、テレワーク時はこれらの挨拶を中心に使ってもいいでしょう。

第7章

オンラインミーティングの際、マスクを付けていてもよいでしょうか？　外すほうが失礼になりませんか？

A

基本的に、自宅でオンラインミーティングに参加するときは、マスクを外していても失礼にはなりません。

マスクで口を覆っていると、声がこもって聞こえづらくなります。また、顔の半分が隠れることで、表情が読み取りづらくなり、相手が戸惑ったり不快に感じたりしてしまいます。

最近は日常的にマスクを付けていますから、単純に外し忘れてしまうこともあるでしょう。

しかし、「ノーメイクの顔を隠したい」「二重アゴを見られたくない」などの理由から、あえてマスクをしたままの人もいるようです。

そもそもマスクは「ウイルスに感染しない」「相手にウイルスを飛ばさない」など、相手と自分のために着用するもの。自分本位の理由で身に付けるものではありません。

ミーティングをスムーズに進めるためにも、マスクは外して参加しましょう。

もちろん、「鼻水が出る」「咳が出る」など、体調が悪く相手に不快な思いをさせないためであれば、マスクの着用も許されます。

その場合は、最初に「体調の関係でマスク着用のまま失礼いたします」などとお伝えするといいですね。

"A

上司や同僚としっかりコミュニケーションを取りましょう。

テレワークが基本となっても、会社に郵便物や書類を取りに行ったり、上司に印鑑をもらいに行ったりすることもあるでしょう。「週に1回」「月に2回」など、定期的に出社をするというルールを設けている会社も少なくないようです。

テレワーク期間中の久しぶりの出社で気をつけることは、出社するのにふさわしい身だしなみで行くこと。

自宅で過ごすからと、毎日出勤していたときと比べて服装が無意識にルーズになっている人は少なくありません。きちんとチェックしてから家を出ましょう。

出社したら、久しぶりに会う上司や同僚に、自分から挨拶しましょう。このとき、お互いの体調をねぎらったり、テレワーク時にお世話になったことがあるならそのお礼を伝えたり、不安に思っていることなどを話したりすることも大切です。双方の心に栄養が補給され、結果的にモチベーションアップすることにつながります。

また、オフィスによってはテレワーク期間中、掃除や手入れが充分にされていないことがあります。出社した際は、できる範囲で環境整備を行いましょう。

第7章

しばらく会っていない同僚とどのようにコミュニケーションを取ればよいでしょうか？

A

テレワーク中の連絡は、うれしいもの。
　　ちょっとした連絡も、ミーティングアプリを活用するなど、お互いの表情を見ながら取るのがオススメです。

　オフィスでは顔を合わせ、時折雑談をしたりしながら仕事をしますが、テレワーク中はこうしたことがないため、黙々と仕事をすることになります。この環境に精神的に追い込まれてしまっている人も少なくありません。
　こんなとき、同僚からの「どうしている？　元気？」のひと言に癒されることもあります。
　メールや電話でコミュニケーションを取ってもいいのですが、お互いにテレワークをしているのですから、ときには、「ミーティングアプリ」を活用して、声や文字だけでなく、表情を見ることでコミュニケーション効果も高まります。
　カメラ越しでも顔を見ることができれば、仲間がいることが実感できます。同僚数人でミーティングを持ってもいいでしょう。

　ただし、仕事と直結しないコミュニケーションを、面倒や迷惑と感じる人もいます。そうしたタイプの同僚を、無理にミーティングに誘わないこと。強要はNGです。

子どもの学校から電話がかかってくることがあります。出たいのですが、テレワーク中なので躊躇してしまいます。どうするのがよいでしょうか？

A

わざわざ電話をくださるということは、大事な用事があるということ。どのような用件か確認しましょう。

弊社では「仕事よりも家族が優先」との考え方を徹底しています。ペットを含む家族を大事にできない人は、仕事も大事にしない、できないという考え方からです。

テレワーク中にお子様の学校から電話がかかってきたら、遠慮することなく出るべきだと、私は考えます。お子様の命に関わることだってあるかもしれないからです。

対価をいただいて働いているからと、私用で仕事を中断することに、抵抗を覚えるかもしれません。たしかに原則的には、私用は勤務時間外に対応するべきです。

しかし、私たちは仕事人である以前に1人の「人」です。人として家族を守る責任は、仕事に対する責任と等しいと考えられます。

連絡の内容によっては、仕事を中断しなければならなくなることもあるかもしれません。そのときは、すぐに上司に連絡をしましょう。

私用の電話をかけたり、受けたりするのは、
どこまで許されるのでしょうか？

A

自宅にいるとはいえ、テレワーク中は勤務時間。プライベートの電話は基本的に休み時間にしましょう。

特にあなたから電話をかけることは、よほどの緊急事態でない限り避けましょう。どうしても日中にかけたければ、「休憩時間」に行います。職場にいるときと同じです。

私用の電話がかかってきたときは、原則的に勤務時間内には受けないのがビジネスシーンでのマナー。
ただし、家族や親族、お子様の学校からなど、無視できない連絡もあるでしょう。用件確認のために電話に出ることは許容されます。
用件を確認して急用ではないとわかったら、後でかけ直しましょう。
話の続きは休憩時間や就業時間外に行うのがプロ意識のあるビジネスパーソンの姿であり、会社の方針（ルール）に従うことがビジネス上のマナーです。

杓子定規に構える必要はありませんが、自分の意識のオンとオフの切り替えにもつなげていくことになります。

子どもが泣き出したりぐずったりしたら、一
時的に仕事を中断してもいいでしょうか?

　子様とのコミュニケーションもテレワーク中の大
お 切なマナー。しっかり対応して理解してもらいま
しょう。

　テレワーク中にお子様が泣き始めたら、放っておくわ
けにはいきませんよね。気になって仕事の効率も下がる
でしょう。仕事を一旦中断し、お子様のところに行って
あげてください。

　そして、お子様と同じ目線になるようにかがんで、両
手を握り、なぜ泣いているのかを優しく訊いてあげま
しょう。

　決して叱ったり、「静かにしなさい!」などと怒鳴っ
たりしないように。目的はお子様に泣き止んでもらい、
あなたが速やかに仕事に戻ることです。

　泣き止んでくれたら、「ありがとう」とお礼を伝え、
「ママ(パパ)、お仕事するけどいい?」とお子様に確認
を取ってから仕事に戻ります。

　お子様が笑顔でうなずいてくれる関係を、日頃から築
いておきましょう。

　感情的になって、「お母さんは仕事しているのよ!
静かにしてよ!」などとは決して言わないように。さら
に泣きわめく可能性大です。

第7章

インターフォンが鳴ったら、仕事を中断して、対応してもよいでしょうか？

Ａ

状況に応じて対応を考えましょう。仕事相手を待たせるようなことはしないように。

インターフォンの対応については、人それぞれ考え方が違うでしょう。

「あくまで勤務時間なのだから対応しない。職場で仕事をしていたら、どうせ出られないのだから」という人もいれば、「せっかく自宅にいるのだし、混んでいるこの時期に再配達の手間をおかけしてはいけないからさっと受け取ろう」と、対応する人もいるでしょう。

どちらが正しいというわけではないので、そのときの状況に応じて選べばいいでしょう。

ただし、オンラインミーティング中や電話中は、基本的に出ないこと。対応をしている間、相手を待たせてしまうからです。

オンラインショッピングを多用している人は、最初から「置き配」を指定しておけば、自分のタイミングで受け取れます。

冷蔵、冷凍品の場合は、あらかじめ配達時間を設定するなど、宅配業者さんのサービスを活用するとよいでしょう。

A インターフォンや電話の音量をしぼるなど、ペットが興奮する要因はあらかじめ取り除いておきましょう。

電話やインターフォンが鳴るたびに、ペットが吠えてしまい悩んでいるというお話をよくうかがいます。電話中、オンラインミーティング中は、相手の声が聞こえにくくなるなど支障をきたし、困ってしまうでしょう。

ペットと暮らしているご家庭は、「インターフォンの音量を最小にしておく」ことで、問題が解決される場合があります。特にワンちゃんは音に反応して興奮し、大騒ぎすることがあるからです。

そもそもインターフォンの音が大きいと、電話やオンラインミーティングの相手に聞かれてしまいます。あなたが対応しなくても、相手が気になってしまい集中できなくなってしまうこともあります。

このような事態を避けるために、ペットがご家庭にいる、いないにかかわらず、インターフォンや電話の音量は、聞こえる範囲までしぼっておくとよいですね。

第7章

おわりに

　21 歳のときにマナー講師を目指してから 32 年。

　寝ても覚めても愚直に「マナー」と向き合い、「マナー」一筋で生きてまいりました。

　私がお伝えしている「マナー」は、型以前に「なぜそうするのか？」という理由を明確にし、相手への配慮、すなわち、思いやりの心からなるもの。ルールでも決まりごとでもなく、ともに行動する人々が皆で心地よくなること、プラスになること、ハッピーになることを目指すものです。

　私自身、テレワーク中、Ｔシャツにジーンズ姿で仕事をすることもあります。とはいえ、仕事関係者とのオンラインミーティングでは、ジャケットを着用します。

　また、忙しすぎるあまり、スタッフに丁寧なメールを送ることができないときもありますが、あとから、必ずフォローのメールや電話をして、日頃の感謝を伝えます。

　完璧な人はいません。

　だからこそ、お互いに思いやり、その後のフォローコミュニケーションが大事なのです。

　テレワークに限らず、ビジネスにおける人間関係において、互いの信頼を築き、それを収益へとつないでいくためには、相手の立場に立ち、相手を思いやる心からのマナーコミュニケーションは必須です。

本書を執筆するにあたり、弊社クライアントの皆様に、事例の紹介についてご了承・ご協力をいただきました。心より深く感謝いたします。

　また、テレワークに関するお悩み・ご相談、メディアからの取材が増えてきた中、本書の出版依頼をくださったあさ出版の皆さん、デザイン、イラストなどで本書にかかわってくださった皆さんに深く感謝申し上げます。

　今回も出版プロデューサーの糸井浩さんには大変お世話になりました。ありがとうございます。

　そして、急遽、スケジュールを変更し執筆を始めた私を支えてくれた弊社スタッフたち、それを見守ってくれた夫、愛犬たちにも感謝します。

　何より、本書をお手元に置いてくださったあなた様に、心より深く感謝御礼申し上げます。

　テレワークであっても、オンラインミーティングであっても、どんなときにも、互いへの配慮と感謝を忘れずに、マナーの心で「ありがとう」が飛び交う社会になることを願ってやみません。

　本書があなた様のお役に立つことができれば本望です。

　ありがとうございます。

　心より感謝をこめて

　　　　　　　　　マナー西出ひろ子

著者紹介

西出ひろ子 （にしで・ひろこ）

マナーコンサルタント、ビジネスデザイナー
ヒロコマナーグループ代表

1999年に単身渡英し、英国にてオックスフォード大学大学院遺伝子学研究者（当時）と起業。帰国後、国内外の名だたる企業300社以上のマナー・人財育成コンサルティング、延べ10万人以上に人財育成を行う。その実績は数々のドキュメンタリー番組をはじめ、新聞、雑誌などでマナーの賢人、マナー界のカリスマとして多数紹介される。
2011年より自社にてテレワークを導入。2015年よりいち早くオンラインセミナーを活用。実体験に基づく「魅せる、収益をあげるオンライン講座のマナーとコツ」は告知後即満席御礼となる人気講座。また、オンラインマナー講師養成講座は行列のできる講座として予約が後を絶たない。2020年より、マナーズ博子としても活動している。
28万部の『お仕事のマナーとコツ』（学研プラス刊）、『知らないと恥をかく50歳からのマナー』（ワニブックス刊）をはじめ、国内外における著書監修本は95冊以上。累計100万部を超える作家としても活躍中。
NHK大河ドラマ、映画などのマナー監修、超一流俳優や女優、タレント、スポーツ選手などへのマナー指導も多数。
2020年より、完全紹介制のオンラインサロン「11倶楽部」を立ち上げ、オンラインでのマナーコミュニケーションを愉しんでいる。
※『TPPPO』『マナーコミュニケーション』は、西出博子の登録商標です。

監修協力
SNS・オンラインアプリ技術指導　　粕谷香澄
オンライン経営コミュニケーション指導　若尾裕之

超基本　テレワークマナーの教科書 〈検印省略〉

2020年　9月16日　第　1　刷発行

著　者——西出　ひろ子 （にしで・ひろこ）

発行者——佐藤　和夫

発行所——株式会社あさ出版
〒171-0022　東京都豊島区南池袋2-9-9第一池袋ホワイトビル6F
電　話　03 (3983) 3225 （販売）
　　　　03 (3983) 3227 （編集）
Ｆ Ａ Ｘ　03 (3983) 3226
Ｕ Ｒ Ｌ　http://www.asa21.com/
E-mail　info@asa21.com
振　替　00160-1-720619

印刷・製本 （株）シナノ

facebook　http://www.facebook.com/asapublishing
twitter　　http://twitter.com/asapublishing

©Hiroko Nishide 2020 Printed in Japan
ISBN978-4-86667-234-2 C2034